OS SETE MILAGRES DA ADMINISTRAÇÃO

OS SETE MILAGRES
―――― *da* ――――
ADMINISTRAÇÃO

ALAN DOWNS

Tradução
SILVIO NEVES FERREIRA

EDITORA CULTRIX
São Paulo

Título do original: *Seven Miracles of Management.*

Copyright © 1998 Prentice Hall.

Publicado originalmente por Prentice Hall Press.

Todos os direitos reservados. Nenhuma parte deste livro pode ser reproduzida ou usada de qualquer forma ou por qualquer meio, eletrônico ou mecânico, inclusive fotocópias, gravações ou sistema de armazenamento em banco de dados, sem permissão por escrito, exceto nos casos de trechos curtos citados em resenhas críticas ou artigos de revistas.

O primeiro número à esquerda indica a edição, ou reedição, desta obra. A primeira dezena
à direita indica o ano em que esta edição, ou reedição, foi publicada.

Edição	Ano
1-2-3-4-5-6-7-8-9-10	01-02-03-04-05-06-07

Direitos de tradução para a língua portuguesa
adquiridos com exclusividade pela
EDITORA PENSAMENTO-CULTRIX LTDA.
Rua Dr. Mário Vicente, 368 — 04270-000 — São Paulo, SP
Fone: 272-1399 — Fax: 272-4770
E-mail: pensamento@cultrix.com.br
http://www.pensamento-cultrix.com.br
que se reserva a propriedade literária desta tradução.

Impresso em nossas oficinas gráficas

À inestimável memória de
Betty Lynne Theriot

Agradecimentos

Ninguém escreve um livro sozinho. As vozes de amigos e professores, do presente e do passado, sussurram em nossos ouvidos e nos dizem o que escrever. Infelizmente, os nomes deles não aparecem na lombada do livro, assim vou tentar relacioná-los aqui:

Fredericka MacKenzie, Sylvia Rayfield e Annette Simmons fizeram observações críticas sobre vários trechos do manuscrito e colaboraram na minha busca pelo título perfeito.

Meus queridos amigos Roland e Jackie Grimm deram-me incessante apoio tanto na angústia como no prazer de escrever o manuscrito.

Amy Petty, minha irmã, foi extremamente generosa ao conseguir entrevistas com seu colega que sobreviveu à explosão da bomba colocada no edifício Murrah Federal, na cidade de Oklahoma.

Ruth Elmer, uma das professoras mais cultas que jamais conheci, proporcionou-me muita inspiração e discernimento para escrever este livro, durante suas palestras semanais.

Minha agente, Julie Castiglia, merece grande parte do crédito pela publicação deste livro. Na editora Prentice Hall, meu editor Tom Power acreditou no livro desde o início e o tornou uma realidade.

Duas pessoas muito especiais merecem ser citadas, pois sem elas eu jamais teria encontrado coragem para escrever este livro: Kevin Sloan e Betty Lynne Theriot.

Muito obrigado.

Sumário

Prefácio 11

Introdução 15

1. O Milagre da Manifestação 29

2. O Milagre da Reciprocidade 55

3. O Milagre da Honestidade 67

4. O Milagre da Tolerância 87

5. O Milagre da Paixão 99

6. O Milagre da Estima 113

7. O Milagre da Transcendência do Passado 131

8. O Que Vem Por Aí 155

Notas 165

Prefácio

Foram necessários muitos anos para escrever este livro. Ele é o resultado de uma década e meia de estudo, experiência e prática. As idéias que exponho não são originalmente minhas; elas têm séculos de idade e são de âmbito universal.

O que fez com que este livro demorasse tanto para tomar forma não foi a redação ou mesmo as pesquisas; foi o tempo que levei para tomar coragem para escrevê-lo. Deixe-me explicar.

Os milagres descritos neste livro encontram-se no interior de cada um de nós. Eu conheço os fundamentos desse assunto desde criança. E desde a minha infância fui educado num mundo que me ensinou a qualificar, distorcer e negar essas verdades fundamentais. Talvez você tenha tido uma educação semelhante.

Fomos ensinados de uma maneira errada. Aprendemos que um bom negócio não deve ser desperdiçado pela bondade ou compaixão humanas. Esses seriam pontos fracos — vulnerabilidades — que poderiam nos levar ao fracasso. Esconda seus sentimentos humanos, considere todos como seus competidores, e lute para conseguir uma parte maior dos limitados recursos. O trabalho deve ser árduo, e, portanto, devemos trabalhar arduamente. Nada se ganha sem sofrimento.

Este livro é uma tentativa de desfazer essa educação. Pois se tivermos de ser insensíveis no trabalho, teremos de ser seres humanos insensíveis. E se formos desleais, truculentos, exploradores e trapaceiros no trabalho, deveremos ser também esse tipo de pessoa. Além disso, não seremos competentes nos negócios ou na vida, e em ne-

12 OS SETE MILAGRES DA ADMINISTRAÇÃO

nhum dos casos conseguiremos alcançar nosso objetivo. Não podemos agir de uma maneira nos negócios e de maneira diferente na vida sem vivermos em permanente hipocrisia.

Nestas páginas, descrevo essencialmente minha jornada de volta à integridade e ao magnetismo pessoal. Nessa busca, descobri que existiram outros, muitos dos quais de renome e bem-sucedidos, que trilharam esse caminho antes de mim. Eles descobriram o seu patrimônio hereditário: o poder de sua natureza humana. À sua atividade, eles dedicaram toda a vida, tentando ser honestos, afetuosos, generosos, criativos e incentivadores. Quando obtiveram sucesso nessa busca, descobriram um novo estilo de administração que transcende a limitada e mesquinha luta pelo poder que prevalece em um grande número de organizações. O sucesso deles é o que geralmente chamamos de *realização sem complicação*. Sendo simplesmente autênticos, eles liberaram uma força miraculosa em suas empresas que gerou muito mais do que poderia ter acontecido se tivessem seguido o caminho habitual da manipulação, do "sai do meu caminho", dos jogos do poder e da agressão competitiva.

Eu disse que levou tempo até que eu encontrasse coragem para escrever este livro. Como a maioria, eu queria fazer parte do grupo. Tratar de negócios e levar uma vida boa. Jogar o jogo e ganhar. Queria nadar no meio de tubarões e desfrutar o troféu. Queria a recompensa que me fora prometida pela escola profissional e pelos mitos sociais a respeito do sucesso.

Porém, por mais forte que seja o meu desejo de sucesso, também estou contaminado por uma angustiante vontade de conseguir o melhor de mim. De fazer algo que seja importante para mim e para o bem da sociedade. De fazer alguma coisa diferente. De ajudar. De amar, aprender e ser amado. De saber, quando chegar o meu último dia e eu rememorar a minha vida, que eu — a soma total de mim — fui valioso.

O que gratifica neste livro, e o que me deu coragem para escrevê-lo, é a descoberta de que o sucesso material nos negócios não tem de

PREFÁCIO **13**

ser inconsistente com a realização pessoal. É possível estar a caminho do sucesso pessoal e criar uma empresa próspera e bem-sucedida. As duas coisas só se anulam mutuamente quando nos ensinam que assim deve ser. Essa é a grande mentira no mundo dos negócios no século XX.

Cada um dos milagres específicos neste livro irá não apenas mudar a sua empresa, mas mudar as pessoas. Se você levar o assunto a sério, se o colocar em prática e insistir para que os outros que estão sob suas ordens também o façam, isso irá provocar mudanças na sua empresa e em você. Ele o levará de volta ao lugar que você outrora conheceu, onde a autenticidade e a sinceridade o rodeavam, fluíam de você e para você. Esse é o único lugar onde você irá encontrar satisfação como administrador e como um ser humano em crescimento.

A primeira parte de cada capítulo é a essência da matéria; é a descrição do milagre e de como utilizá-lo. A segunda parte é o que eu chamo de "criação do milagre". Ali, eu relaciono algumas poucas sugestões para a criação do milagre em sua empresa. Finalmente, cada capítulo termina com afirmações em favor do milagre. São simples frases afirmativas que você pode facilmente reter na memória e repetir para si mesmo durante a sua rotina diária. Elas ajudam a focalizar os seus pensamentos naquilo que você lê e a traduzir esses princípios em ações no trabalho.

Apraz-me descrever esses milagres para você e lembrar-lhe que eles sempre existiram dentro de você mesmo. Espero sinceramente que ouça o chamado do seu interior e responda com uma afirmativa: "Irei tentar." Pois se tentar, ele funcionará. Quando funciona, transformamos a confusão e a agitação que reina na maior parte da vida empresarial e nos elevamos a um plano superior.

Alan Downs
Outono de 1998

Introdução

Milagres acontecem todos os dias.

O extraordinário, o inusitado, o excepcional, o fascinante, o fenomenal acontecem a cada dia graças a pessoas comuns em empresas comuns. Esses eventos não decorrem de feitiçaria, da invocação de espíritos, de misticismo; são ocorrências concretas, naturais, que desafiam o impossível e transformam-se em realidade. São milagres.

A criação de algo inusitado é a essência de um milagre. É a transformação do ordinário no extraordinário. É a multiplicação de recursos, a manifestação de uma nova realidade que surgiu do nada.

Parece impossível? Desejado em pensamento, mas não possível?

Tudo o que acontece na empresa tem relação com um milagre.

De onde provém o ganho que chamamos de "lucro"? Como é que uma empresa pode obter recursos e gerar lucro enquanto outra pode conseguir os mesmos recursos e fracassar? Por exemplo: como é que uma empresa ligou uma série de placas de circuito comuns, denominou esse conjunto de "computador pessoal" e criou um mercado internacional de muitos milhões de dólares?

Uma empresa tem como objetivo a criação de milagres, e as empresas bem-sucedidas realizam esses milagres todos os dias. Elas aproveitam o que existe e o transformam em algo mais do que era. Como os pioneiros do computador pessoal, elas combinam a tecnologia e os recursos existentes, transformando-os em uma nova tecnologia que cria mercados e novas riquezas.

16 OS SETE MILAGRES DA ADMINISTRAÇÃO

De uma maneira mais tradicional, segundo a linguagem das escolas comerciais, uma empresa é um sistema que recebe insumos e gera produtos de valor agregado. O produto de uma empresa deve ser cada vez mais confiável, rendoso e lucrativo ou, a menos que ela seja protegida por uma entidade que disponha de maiores recursos (por exemplo, o governo), logo deixará de existir.

Muitos dos que estudaram a filosofia comercial e dos economistas do século passado procuraram compreender esse poder de transformação de uma empresa de sucesso. Qual é a fórmula quase indefinível que possibilita a multiplicação de ativos? De que maneira o produto é mais do que a soma dos insumos? Precisamente, como é que alguma coisa *mais* provém de alguma coisa *menos*?

Já esmiuçamos muitos e muitos programas procurando as respostas a essas importantes perguntas. A relação de teorias, intervenções organizacionais e excentricidades administrativas é longa e variada. Todas obtiveram uma certa aparência de verdade, mas nenhuma parece ter uma eficácia duradoura. Seja por causa da transitoriedade da moda ou da frustração, a maioria delas são descartadas depois de apenas poucos anos de uso.

Nosso descontentamento com essas soluções parciais tem nos levado a uma linha de conduta obscuramente cética. Incapazes de explicar detalhadamente e predizer o fenômeno do crescimento criativo, nós o temos ignorado. De modo muito semelhante aos psicólogos behavioristas do início do século XX, que se recusavam a estudar os pensamentos e as sensações pelo fato de eles serem inatingíveis, temos desviado a nossa atenção daquilo que não podemos explicar facilmente.

Os behavioristas estudaram os simples estímulos ambientais e suas reações. A partir das reações de ratos a choques elétricos e a alimentos em pílulas, eles tentaram explicar as complexidades do comportamento humano. O que emergiu dessa escola de pensamento foi um modelo de comportamento excessivamente simplista e mecanicista que obteve êxito em predizer apenas os comportamentos mais bási-

INTRODUÇÃO **17**

cos. Pelo fato de terem os behavioristas ignorado as complexidades da emoção e do pensamento, eles não conseguiram fornecer uma explicação para os comportamentos que são exclusivamente humanos. Todavia, como os behavioristas, decidimos que o dinâmico aspecto criativo de uma empresa é uma "caixa de surpresas" que escapa à racionalidade e, em vez de limitar nossas "intervenções", optamos pela manipulação de estímulos, reações e estruturas. Temos ignorado a coletividade humana da empresa e iludido a nós mesmos com modelos organizacionais mecanicistas.

Esse modo de pensar nos revela que o caminho para o sucesso requer a correta manipulação de recursos. Estamos constantemente reordenando os recursos. Reorganizamos, juntamos, compramos, livramo-nos deles e os adquirimos. Dizemos a nós mesmos: "Só terei sucesso se eu puder descobrir a combinação correta dos recursos."

O HUMANISMO DA EMPRESA

Os milagres acontecem quando respeitamos o humanismo.

Para a maioria, as manipulações de uma empresa partilham um elemento comum: elas ignoram o humanismo da cooperação. O humanismo da empresa é, sem dúvida, a versão empresarial da caixa de surpresas. É um problema da empresa com o qual a maioria dos executivos está sempre em contato, mas hesitam em investigá-lo. Embora as prateleiras das livrarias estejam repletas de livros sobre administração encorajando o humanismo da empresa, os executivos seniores e, o que é mais importante, os poderosos analistas da Wall Street estão sempre avançando a todo vapor na direção oposta.

Em março de 1997, apareceu um artigo no *Wall Street Journal*[1] que alertava para o fato de que os executivos da Pepsi-Cola se preocupavam demais com o gerenciamento do pessoal. O artigo cita um consultor administrativo, Tom Pirko, que se queixava de que o diretor-executivo Craig Weatherup devia ser "bom demais para o bem da

18 OS SETE MILAGRES DA ADMINISTRAÇÃO

própria Pepsi-Cola... o que era necessário na Pepsi era uma certa crueldade". Weatherup não concordava, afirmando que não iria sacrificar algumas práticas de administração orientadas para as pessoas só para elevar o valor de uma ação de 55 para 60 dólares. Qual foi a resposta do *Journal*? "Esse tipo de discurso dificilmente impressiona Wall Street", contrapõe o jornal, observando que os acionistas adorariam uma elevação do preço, "com ou sem benevolência". Tudo isso a despeito do fato de a Pepsi-Cola da América do Norte ter aumentado suas vendas em 4% e o lucro operacional em 14% no ano anterior.

Uma empresa de qualquer tamanho não é nada mais que uma conjugação de pessoas e recursos. São essas pessoas que empregam sua energia e sua força para colocar em ação esses recursos para gerar lucros e, portanto, mais recursos. Minimizando o elemento humano, o que fazem muitas das conhecidas manipulações organizacionais, as empresas estão na verdade minimizando sua capacidade de se desenvolver e ter sucesso.

A essência da humanidade está contida em dois elementos: sentido e emoção. Através dos tempos, grandes filósofos, escritores, teólogos e profetas vêm descrevendo a condição humana utilizando essas duas diferenças características vitais. Psicólogos modernos chamaram-nas de pensamento e sentimento, ou às vezes afeto e intelecto. Qualquer que seja o rótulo empregado, a distinção entre essas duas concepções e a sua importância vêm persistindo através de séculos de luta do homem para compreender sua própria existência.

Mas sentido e emoção são fontes de imenso poder interior. Juntos, eles fornecem o estímulo que impulsiona o indivíduo e conseqüentemente a sociedade para a frente. Quando um ou a outra está ausente, a própria vida se esfacela e se desintegra em algo que está abaixo do humano. Sentido e emoção são a causa de todas as grandes realizações criativas; de modo inverso, os profundos distúrbios de qualquer dos dois são a causa principal de suicídio.

SENTIDO

Sentido é pensamento, e muito mais. É o pensamento que produz uma ressonância com os elementos mais fundamentais de nossa existência. É a razão pela qual vivemos. É o estimulante conhecimento da razão da própria existência de um pessoa. O sentido pode ser préverbal, geralmente inconsciente, que está em constante expansão, mas cujos efeitos sobre o comportamento nunca oscilam.

Viktor Frankl, o renomado psiquiatra que sobreviveu à prisão nazista em Auschwitz, chama o sentido e "o desejo de ter sentido" de a mais importante motivação no homem. Ele escreveu: "A principal preocupação do homem não é ter prazer ou evitar a dor, mas, antes de tudo, perceber um sentido em sua vida. É por isso que o homem está sempre disposto a sofrer, sob a condição, por certo, de que esse sofrimento tenha um sentido."[2]

O filósofo alemão Nietzsche também percebeu uma poderosa força no sentido. "Aquele que tem um *por que* viver pode suportar quase todos os *modos* de vida." Determinada uma razão importante e que tenha um sentido pessoal, o homem está disposto a fazer qualquer coisa, até a dar sua própria vida, para protegê-la.

EMOÇÃO

O outro elemento crucial da nossa humanidade é a emoção. Em sua mais elogiada obra, *Inteligência emocional*, Daniel Goleman defende que a emoção desempenha no comportamento humano um papel pelo menos tão grande, se não maior, do que o intelecto. Ele escreve, "As paixões subjugam a razão muitas e muitas vezes... Em todas as situações, nossa avaliação de cada conflito pessoal e nossas reações a ele são moldadas não apenas pelos nossos julgamentos racionais ou pelo histórico pessoal, mas por nossas emoções."[3]

O intelecto sem emoção é intoleravelmente deficiente, como qualquer enfadonho livro universitário irá atestar. Foi o poeta George

20 OS SETE MILAGRES DA ADMINISTRAÇÃO

Santayana quem disse isso de uma maneira lírica. "O jovem que ainda não chorou é um selvagem, e o velho que não ri é um tolo."[4]

O precursor da psicologia norte-americana William James foi além, chamando o sentimento de a pedra angular do *eu*: "A individualidade está baseada no sentimento; e os recessos de sentimento, os *strata* mais escuros, mais ocultos do caráter, são os únicos lugares no mundo nos quais descobrimos o fato real em formação, e percebemos diretamente como os eventos acontecem, e como o trabalho é realmente feito."[5] A verdadeira essência da individualidade encontra-se em nossos sentimentos; as emoções são o ponto de partida de nossa singularidade. Desde os nossos primórdios nesta Terra, antes que as palavras se tornassem pensamentos em nosso cérebro, somos dirigidos pelos sentimentos.

À emoção também tem sido negado o seu legítimo assento na sala da diretoria. Nós, como administradores empresariais, há muito temos por hábito ocultar o papel da emoção nas decisões profissionais. Em vez disso, preferimos falar sobre decisões objetivas que são "estritamente profissionais". Até a palavra "profissional" chega a ter a conotação de uma determinada atividade mecânica e indiferente.

Com boa razão, temos "desenfatizado" o papel das emoções imediatas e reativas como o medo e a ira que geralmente se manifestam através de conseqüências indesejáveis como conflito e preconceito. Ao fazer isso, entretanto, também temos tentado nos descartar de emoções mais complexas e poderosas. Sentimentos de paixão, empatia, confiança e até de frustração e raiva podem ser extremamente benéficos para a empresa.

Devido ao papel fundamental tanto do sentido quanto da emoção no comportamento humano, tem grande importância o fato de ambos serem desprezados pelas manipulações organizacionais modernas. O trabalho significativo tem se tornado algo praticamente inexpressivo devido a freqüentes reestruturações empresariais, salários estratosféricos de executivos e ao fato de que a reação causada pelas nossas atitudes dentro da empresa pode ser totalmente diluída no labirinto corporativo global. Com a perda da segurança no trabalho, veio também a perda da dedicação ao trabalho. É difícil imaginar profissionais que mudam regularmente de um trabalho para outro atribuindo um significado pessoal a um emprego que, desde o início, sabiam que não iriam manter. O sentido vem sendo, em grande parte, drenado da empresa moderna.

A perda de sentido no trabalho deixa muitas pessoas se sentindo desamparadas, e em total frustração. "Fazer o que eu faço tem realmente importância?" parece ser a constante indagação. Esse desamparo, como sempre ocorre, criou uma cultura de perfeitas vítimas sem culpa. "É um erro dos diretores!" "Não temos uma estratégia empresarial!" "Nossos superiores não dão ouvidos a nossas sugestões!" A lista de acusações angustiosas de censura é interminável.

O ambiente de trabalho que criamos é o que Frankl chama de um "vácuo existencial". É um ambiente vazio de significado pessoal além do lucro financeiro. Entre outras coisas, Frankl prognostica que esse vácuo cria um solo fértil para os jogos de poder e para o comodismo.

O GRANDE DIVISOR

Em essência, temos pedido aos administradores de empresas que eliminem parte de si mesmos, e "deixem seus sentimentos na entrada do escritório". Quantas vezes já ouvimos: "Não estou aqui para fazer amigos" ou "Não considere isso como algo pessoal, é apenas uma questão da empresa" ou "Não me interessa como você se sente a respeito disso, faça-o"?

No encontro anual dos acionistas da Sunbeam, realizado em junho de 1997, Al Dunlap, apelidado de "Serra Elétrica", irradiava alegria enquanto apresentava os resultados de seu primeiro ano como presidente-executivo. Depois de ter despedido 12.000 empregados e paralisado um número considerável de suas fábricas, Wall Street estava aplaudindo estrondosamente sua atuação com um crescimento

22 OS SETE MILAGRES DA ADMINISTRAÇÃO

de dois bilhões de dólares no valor de mercado da Sunbeam. Fora um ano excelente para Dunlap: ele ganhara pessoalmente mais de cem milhões de dólares com a valorização das ações e publicado sua autobiografia *Mean Business*, que descrevia em detalhes seu estilo de administração "livre de empatia", representado apropriadamente com uma fotografia sua em roupas de trabalho, atirando com um revólver.

> *Se você quiser um amigo, arranje um cachorro. Estou me garantindo — já tenho dois cachorros.*
>
> AL "SERRA ELÉTRICA" DUNLAP
> EX-PRESIDENTE-EXECUTIVO DA SUNBEAM CORP. [6]

Durante esse encontro, um repórter indagou a Richard Rankin, proprietário de uma empresa em West Palm Beach e acionista da Sunbeam, a respeito do impacto da conduta de Dunlap sobre os empregados e a comunidade. Ele respondeu: — Eu não poderia ser uma pessoa mais bondosa e mais gentil em minha empresa. Infelizmente, ela iria à falência se eu deixasse que meu coração me fizesse agir dessa maneira.

Rankin expressou o temor implícito de pôr emoções nos negócios. Se fosse permitido que nossas emoções viessem à tona, temeríamos que elas pudessem nos destruir, eliminando nossa racionalidade e o bom senso nos negócios.

Mas, a despeito de todos os nossos esforços para suprimir o sentimento dos negócios, esses sentimentos permanecem como uma parte importante do nosso ser. Quando nos recusamos a reconhecê-los, degradamos a nós mesmos e à nossa humanidade. Diminuímos nosso potencial, e de uma maneira cumulativa, diminuímos o sucesso em potencial da empresa.

Todos os grandes líderes e as grandes inovações nasceram do casamento do coração com o intelecto. Sem o fervor da emoção, não somos levados a ultrapassar os nossos limites. Devemos sentir o nosso trabalho para conseguir tudo o que está ao nosso alcance.

INTRODUÇÃO **23**

Quando nos esquivamos do sentido e da emoção, criamos obstáculos para o nosso talento; e, quando perdemos nossa fé na humanidade da empresa, perdemos nossa fé em nós mesmos. Não reconhecemos o poder que existe no íntimo de cada pessoa para gerar idéias e ao mesmo tempo trabalhamos para que essas idéias tenham uma existência real. Erroneamente, dizemos a nós mesmos que o sucesso reside em números, não em nossa paixão e em nossa inteligência. Como disse Deepak Chopra de maneira eloqüente, tornamo-nos "prisioneiros daquilo que conhecemos", limitando-nos ao *status quo* e destruindo nosso poder de criação — nosso verdadeiro poder de fazer com que os milagres aconteçam.

SUCESSO NA DIMENSÃO HUMANA

Mas algumas das mais bem-sucedidas empresas de hoje em dia estão seguindo tranqüilamente um caminho diferente — um caminho que é tanto humano quanto eficaz com respeito aos rendimentos.[7] As histórias dessas empresas preenchem as páginas deste livro.

Elas descobriram que os sistemas de computador e a aprovação dos analistas da Wall Street não são suficientes para um grande sucesso. Tampouco uma excelente estratégia ou reengenharia empresarial. Embora essas coisas sejam importantes, um fato crucial é em geral negligenciado: *São as pessoas que fazem a empresa.* O sucesso e o fracasso definitivamente acontecem por causa das pessoas, não das máquinas, das idéias ou do corte de despesas. Sem as pessoas, a empresa irá, muito provavelmente, fracassar.

As pessoas são seres humanos, e os seres humanos se desenvolvem em ambientes que fomentam o crescimento e que inclui coisas como ternura, compaixão e perdão. Deduz-se, portanto, que a empresa ali também se desenvolve.

Este livro é um chamado de volta à fé no poder de nossa humanidade. Um chamado de volta à nossa capacidade de gerar nova prospe-

24   OS SETE MILAGRES DA ADMINISTRAÇÃO

ridade, uma prosperidade *corporativa* que beneficie todos os que participam de nossas empresas. Através das páginas deste livro, iremos explorar a anatomia de milagres nas empresas. E o que é mais importante, veremos como qualquer administrador pode criar uma cadeia de milagres capaz de transformar a empresa.

O ADMINISTRADOR COMO UM CRIADOR DE MILAGRES

Quando nos despimos de todos os ofuscantes acessórios da vida administrativa empresarial e examinamos de uma maneira mais rigorosa a tarefa de administrar outras pessoas, ela torna-se, a princípio, muito simples. Administrar nada mais é do que reunir pessoas, materiais e dinheiro, tornando a união desses itens discrepantes maior do que a soma das partes. Em outras palavras, criar algo que seja maior do que era anteriormente. O trabalho de um administrador — de qualquer administrador — é nada menos que criar um milagre.

Na verdade, todo administrador tem a capacidade de efetuar uma mudança permanente, respeitando a irreprimível humanidade dentro da corporação; não se opondo a ela. Todo administrador, não importa qual o seu nível ou o seu título, pode criar milagres que modifiquem o *status quo* e realizem o impossível.

O administrador é o ungüento que ameniza a dor de escalar a ilusória ascensão de postos na empresa. As afiadas arestas da vida na empresa ferem e atrapalham o mais habilidoso dos empregados. Escalar os escarpados penhascos inerentes a uma organização hierárquica é mais do que qualquer empregado pode fazer sozinho. Sem nenhuma dúvida, todos os que ascendem ao escarpado terreno o fazem com a ajuda de um administrador que os incentiva. O ambiente executivo é uma meta que não pode ser atingida sem ajuda.

É função do administrador desobstruir o caminho para funcionários leais e talentosos para que eles consigam atingir suas metas profissionais. Ele é um parceiro, um orientador e um encorajador. Está

INTRODUÇÃO **25**

ali para ajudar os empregados e para orientá-los pacientemente a trilhar o caminho que ele já percorreu. É função do administrador criar um ambiente que encoraje e motive os empregados.

É fato que, nas indústrias da informação de hoje em dia, uma hora de talento pode valer mais do que meses de trabalho. O administrador deve ajudar os empregados a fazer o que quer que seja necessário para encontrar esses momentos de talento. Criando um ambiente onde os empregados façam progressos, o administrador estimula e multiplica esses momentos.

Só quando empregamos todo o poder do nosso ser, do intelecto e da emoção, da razão e da paixão, é que criamos uma mudança ininterrupta e permanente. Essa é a essência do poder que opera milagres que temos em mãos.

O poder de fazer milagres existe em cada um de nós. Ele é tão acessível quanto o ar que respiramos. Tão acessível e familiar, ele passa, na maioria das vezes, despercebido e deixa de ser usado. Esse poder é nosso verdadeiro dom e nossa diferença característica. É a nossa humanidade.

Esse é um poder extraordinário. Se você tiver acesso a ele — e ele é totalmente acessível —, poderá mudar os mais terríveis acontecimentos. Esse poder pode transformar vidas e relacionamentos. Pode mudar as empresas. Pode mudar as pessoas.

OS MILAGRES

Nos capítulos seguintes, estão as sete leis imutáveis, cada uma das quais, quando posta em funcionamento, é capaz de produzir um milagre correspondente. Podemos observar a verdade inerente a essas leis através de séculos de sua aplicação e através de muitas doutrinas, filosofias e religiões. As leis são princípios mantenedores da humanidade e, quando em ação, seguramente criam resultados extraordinários.

O critério que utilizei para incluir um milagre nesse grupo de sete é o que eu chamo de "unidade da verdade". A verdade, onde quer

26 OS SETE MILAGRES DA ADMINISTRAÇÃO

que se encontre, resiste à ação do tempo. Princípios da psicologia moderna aplicados aos estudos de segundanistas da faculdade são exatamente tão relevantes quanto os versos de antigos manuscritos hebreus ou chineses quando resistem à ação do tempo e à experiência. Esses tipos de verdades transcendem os limites artificiais que definem ciência, religião e filosofia. Cada um dos milagres descritos neste livro é exatamente uma verdade transcendental.

Um segundo e mais subjetivo critério foi também aplicado para esses milagres: eles deveriam ter "laivos de verdade". Deviam ter o imediato reconhecimento daquilo que alguém pode chamar de "senso comum" ou "verdade de cada dia". Simplesmente, tinham de refletir o que todos nós sabemos ser verdade a respeito da vida. E o que é mais importante, eles tinham de ser evidências de que esses milagres estão na verdade operando maravilhas dentro das empresas de hoje em dia.

PODER SOBRENATURAL

Milagres, por definição, exigem um grande poder — um poder capaz de gerar transformações e feitos extraordinários. Os sete milagres aqui referidos exigem o maior poder do universo: o amor. Nada mais tem o poder de mudar o mundo para melhor. O amor à liberdade e a dignidade individual vêm disseminando a democracia em todo o mundo nas últimas décadas. O amor à ciência e às pessoas que sofrem criaram a cura para muitas enfermidades. O amor à engenharia e ao desenho arquitetônico criaram novos métodos de construção de estruturas que abrangem grandes espaços e elevam-se aos céus. O amor ao universo levou o homem à Lua, colocou um robô em Marte e uma comunidade de astronautas em contínua órbita da Terra. Quando o amor se manifesta em sua plenitude, sempre transforma a realidade.

Quando pomos em prática o poder e o amor em seu todo, isso nos fortalece. Nosso objetivo não é mais competir e sim compartilhar. O

INTRODUÇÃO **27**

que mais podemos oferecer aos nossos clientes? De que maneira podemos contribuir para o mercado? O que podemos fazer para melhorar vidas? Os sete milagres relatados neste livro estão todos baseados no poder sobrenatural do amor. O amor ao nosso trabalho. O amor a nós mesmos. O amor aos empregados. O amor à comunidade e ao bem-estar da sociedade. O amor a toda a humanidade.

A atual teoria da administração está, em grande parte, fundamentada na antítese de um sistema de pensamento baseado no amor: em um sistema de medo. Não do medo genuíno de perigos reais, mas um medo inexplicável que impele os administradores a controlar despesas e acumular riquezas. O produto final desse medo é uma empresa imutavelmente rígida que se desviou de seus objetivos de criatividade e crescimento, preferindo despender esforços desordenados para a destruição dos concorrentes, controlando os empregados, manipulando a opinião pública e armazenando riquezas. O pensamento amedrontado vê o mundo como algo limitado a ser partilhado, no qual cada um deve lutar por um pedaço maior a expensas de outros.

A administração baseada em um sistema de amor vê o mundo de um modo totalmente diferente. O amor ensina que todas as pessoas irão crescer e se desenvolver se lhes forem propiciadas as condições e o apoio adequados. Ele ensina que a confiança é sempre mais produtiva do que o controle. Em vez de proteção, o sistema busca crescimento criativo que não está restrito aos limites atuais. O amor sabe que o universo está em constante expansão e que a chave para o sucesso está em participar desse desenvolvimento, em vez de tentar armazenar o maná de ontem.

As sete leis e milagres contidos neste livro são verdadeiros em todos os aspectos da vida, mas preferi escrever a respeito da maneira como eles se relacionam com a empresa moderna. Em meu trabalho como consultor e escritor, descobri que nenhum outro lugar necessita mais desesperadamente desses milagres do que as empresas atuais. De uma maneira geral, admitimos esses milagres e, em vez de procu-

28   OS SETE MILAGRES DA ADMINISTRAÇÃO

rarmos em todos os lugares algo mais profundo, afastamo-nos cada vez mais da verdade que existe dentro de cada um de nós.

Esses sete milagres têm, efetivamente, transformado as empresas modernas. Se você utilizá-los, observará mudanças extraordinárias nas pessoas que administra. Elas, por sua vez, mudarão sua empresa para melhor.

Ponha de lado os consultores, a propaganda, os nomes dos programas e as frases de efeito, e o que encontrará no âmago de cada programa de mudanças bem-sucedido será pelo menos um desses milagres atuando. Além disso, esses milagres não custam um centavo, mas demandam seus esforços, paciência e dedicação. Previna-se: da mesma forma que muitas coisas na vida, os esforços parciais estão condenados a um evidente fracasso.

Faça um desafio a si mesmo. Supere a sua descrença e perceba o seu poder de provocar uma transformação. Deixe de lado as imperfeições da empresa e faça uma mudança para melhor. Você pode fazer com que os milagres aconteçam.

O Milagre da
Manifestação

A mente é um poder extraordinário que molda e cria,
E o homem é a mente.

E cada vez que ele utiliza o instrumento do pensamento
E modela o que deseja,
Gera milhares de alegrias e milhares de desgostos.

Ele pensa em segredo e acontece,
O ambiente é apenas o seu espelho.

JAMES ALLEN [8]

*A manifestação do Pensamento leva os homens
da escravidão para a liberdade.*

RALPH WALDO EMERSON [9]

TUDO O QUE O HOMEM CRIA
TEM INÍCIO COM UMA IDÉIA IMPALPÁVEL
E DEFINIDA

Nada de novo em nossa realidade toma forma sem ter nascido inicialmente de uma *idéia*. As idéias são extremamente poderosas, dinâmicas e sintetizadoras. Elas são o dom mais prodigioso concedido aos seres humanos.

O milagre da manifestação é a transformação de idéias em realidade. Ela começa com uma percepção nítida da situação atual. Criamos então uma imagem mental do que desejamos (a idéia). Através do processo de entrega e afirmação, permitimos que a idéia se materialize em nosso mundo.

A manifestação é verdadeiramente fascinante e miraculosa, e não necessita parecer misteriosa e, de algum modo, obscuramente mística. A manifestação ocorre a cada um de nós todos os dias; ela está à nossa volta. Nossas idéias estão constantemente moldando a nossa vida e os ambientes. O que pensamos do mundo cria o mundo em que vivemos. Se alguém acha que irá fracassar na realização de uma tarefa e persistir nessa idéia, as chances serão muito grandes de que vá realmente fracassar. Se, por outro lado, alguém focalizar seu pensamento em alcançar um objetivo, há uma grande possibilidade de atingir essa meta.

32 OS SETE MILAGRES DA ADMINISTRAÇÃO

Muitos rótulos diferentes já foram dados ao fenômeno da manifestação. Psicólogos denominaram-no auto-realização ou determinação de um objetivo. Físicos, como David Bohm e F. David Peat, chamaram-no de lei universal. Teólogos, recorrendo ao provérbio hebreu "Pois como ele imaginou em seu coração, assim ele será"[10] entre outras passagens bíblicas, traduziram a manifestação para o domínio espiritual. A manifestação sob todos os seus disfarces e rótulos já foi examinada em praticamente todos os campos de estudo.

Não surpreende, portanto, o fato de acharmos que o milagre da manifestação é crucial também nos estabelecimentos empresariais modernos. Ele é importante para a função do valor agregado da empresa. É, real e simplesmente, a atividade da empresa. Não importa o quanto seja baixa a tecnologia dela ou repetitiva a sua atividade, em sua essência está a transformação de uma idéia em uma realidade manifesta.

O processo da manifestação está ocorrendo diariamente em todas as empresas bem-sucedidas. Os funcionários de todos os níveis estão ocupados pensando sobre os problemas e imaginando as soluções. Uma vez que eles tenham a idéia, a solução vem a seguir. Quanto melhor a idéia, melhor a solução se manifesta. Se não houver uma idéia clara, então a solução não se manifesta.

Por mais profunda que seja a manifestação, geralmente a tomamos como certa. Ela acontece de uma maneira tão natural para a maioria de nós que não pensamos nela como um poder extraordinário que está constantemente moldando a nossa vida. "Bem, nós pensamos, é claro", dizemos.

As idéias fluem continuamente através da nossa mente desde o instante em que acordamos até o instante em que vamos dormir. Essas idéias, sejam elas intencionais ou não, criam o nosso futuro.

Vale a pena examinar com atenção esse miraculoso poder que temos e que, às vezes, utilizamos negligentemente. A arte da mani-

O MILAGRE DA MANIFESTAÇÃO **33**

festação é crucial, principalmente no ambiente empresarial de hoje em dia, no qual estamos necessitando constantemente de novas soluções para os desafios que surgem sem cessar. Ela pode fazer a diferença entre o sucesso contínuo e o fracasso inevitável.

Para começar, consideremos a empresa onde exista uma ausência de manifestação. Todos nós a conhecemos; é chamada de *organização burocrática*. Nessa empresa, as idéias não medram e, em conseqüência, as soluções criativas jamais se manifestam. As idéias são substituídas por regras e procedimentos. As pessoas nessa organização agem como engrenagens em uma gigantesca máquina, repetindo constantemente as mesmas ações. É um sistema estático que não responde de maneira dinâmica ao seu ambiente.

Na organização burocrática, o foco não está em novas idéias, mas, ao contrário, na perpetuação de antigas idéias através da utilização de regras e rígidas hierarquias de poder.

A organização continua produzindo o mesmo produto em grande quantidade, sem levar em consideração a demanda do mercado. As idéias nunca mudam, tampouco os rendimentos.

Porém, como Tom Peters de maneira notável evidenciou, a organização burocrática é uma organização que está às portas da morte. O alto índice de mudanças atual criou uma demanda nas empresas que é sem precedência na história. A empresa deve ser capaz de gerar novas soluções para problemas que estão constantemente surgindo. Cada nível da organização deve ser capaz de manifestar continuamente novas realidades.

Outras coisas que depreciam o mérito da manifestação na empresa são o *stress* e o medo, os dois maiores inimigos das boas idéias. Ao atuar em ambientes onde existem a incerteza e as pressões desmedidas, elas tendem a restringir nosso pensamento, limitar nossa percepção de possibilidades e resultam em idéias reacionárias que dizem respeito mais a esquivar-se dos problemas do que ao crescimento

34   OS SETE MILAGRES DA ADMINISTRAÇÃO

da empresa. Esse comportamento de "reagir ou fugir" é uma reação natural ao perigo, que embora possa estar temporariamente resguardada ou escondida, não constitui, definitivamente, uma boa estratégia. O renomado crítico George Nathan expressou isso de uma maneira perfeita: "Nenhum homem pode pensar claramente quando seus punhos estão cerrados."[11] Em vez disso, o milagre da manifestação requer um ambiente seguro e estimulante para as idéias.

As empresas bem-sucedidas dos dias de hoje *criam* a realidade. Elas manifestam algo que não existia antes. Começam com uma idéia e então transformam esse intangível pensamento em uma realidade palpável. Manifestam o seu próprio destino. A manifestação é, sem dúvida, o aspecto mais emocionante da moderna vida empresarial.

O PROCESSO DA MANIFESTAÇÃO

Primeiro, vamos ver como a manifestação funciona no nível individual. São estes os estágios da manifestação:

1. Visualização;
2. Comprometimento;
3. Afirmação, e
4. Realização.

Visualização

O processo da manifestação começa com uma mente fértil na qual as sementes da idéias podem germinar e se desenvolver.

A mente fértil é aquela que está aberta e livre do *stress* e do medo.

Necessitamos estar em uma situação confortável e relativamente segura para gerar o tipo de idéia que desabrocha em soluções criati-

O MILAGRE DA MANIFESTAÇÃO **35**

vas. Há um risco de fracasso em qualquer ato criativo, e esse medo de fracassar, se impregnado de muita energia, pode bloquear o fluxo de idéias criativas. Quando a possibilidade de fracasso é forjada com o medo, preferimos agir baseados em idéias antigas e comprovadas. Em vez de mudarmos nossa reação diante da situação, reagimos como sempre temos feito. Na maioria das vezes, esse tipo de comportamento produz um ciclo vicioso no qual temos medo de pensar em novas idéias e, por causa disso, continuamos a obter os mesmos resultados desagradáveis. O milagre da manifestação necessita de um envoltório de segurança a fim de que possamos produzir a melhor realidade de que somos capazes.

É por isso que muitos especialistas nas áreas de visualização e do pensamento criativo insistem para que sejam feitos intervalos regulares de silêncio, meditação e concentração mental. É nessa ocasião que criamos um lugar seguro dentro de nós mesmos no qual impedimos as intromissões do mundo exterior e permitimos a nós mesmos permanecer em silêncio, tranqüilos e receptivos.

Nesses momentos de meditação, limpamos nossa mente dos ruídos que nela ocorrem constantemente. Enquanto estamos relaxados, focalizamos nossos pensamentos em uma imagem daquilo que desejamos criar. O que pode ser um processo de produção, um plano qüinqüenal, a localização de um novo escritório, uma empresa reprogramada. O que quer que necessitemos, simplesmente imaginamos essa necessidade satisfeita e deixamos que a nossa mente preencha os espaços vazios em nossa imaginação. À medida que concebemos a solução, muitas vezes vemos conexões que nunca observáramos antes, ou pensamos em soluções totalmente diferentes daquela que utilizamos antes.

Esse processo de visualização é utilizado por todos os líderes empresariais bem-sucedidos. Quer conscientemente ou não, esses líderes passam algum tempo todos os dias eliminando os ruídos e focalizando seu pensamento em uma determinada necessidade. Para alguns, isso ocorre na viagem de carro ou de trem para o trabalho. Para

36 OS SETE MILAGRES DA ADMINISTRAÇÃO

outros, acontece durante o banho de chuveiro pela manhã ou exatamente antes de adormecerem. Para todos, essa é a ocasião na qual eles concebem as idéias que geram o desenvolvimento de suas empresas.

Nem todas as idéias visualizadas se manifestam na realidade. Algumas idéias são passageiras. Outras se transformam em idéias ainda melhores. O principal é que, quando a idéia "correta" ocorre, apoderamo-nos dela, envolvemo-nos com ela, e por isso transformamos essa idéia em realidade.

Mas o que é uma idéia "correta"? Ela acontece quando a solução que imaginamos condiz com tudo o que aprendemos.

A idéia correta é uma adaptação perfeita entre nós e o nosso atual ambiente. É a idéia que nos leva a realizar o que há de melhor para nós mesmos e para aqueles que nos cercam.

Parece grandiloqüente, não é? De fato, pode ser difícil entender o conceito da idéia "correta", mas não é. Quem já não teve a experiência de se deparar com uma idéia que é tão perfeita que a pessoa simplesmente *sabe* que ela é correta? É um sentimento visceral, uma compreensão intuitiva, uma confiança de que a decisão que a pessoa está prestes a tomar é a melhor possível, tendo em vista a situação.

Grandes líderes e pensadores através dos tempos descrevem essa experiência de ter a idéia correta. O eminente psiquiatra Sigmund Freud chamou-a de experiência "ah-ha", uma percepção que sai borbulhando de nosso inconsciente e parece verdadeira. Séculos antes, Aristóteles denominou-a de "intuição", uma compreensão imediata que está baseada mais propriamente nas verdades universais do que em nossas sensações ou experiências.[12]

Emocionado com o esplendor de um súbito pensamento.

ROBERT BROWNING[13]

O MILAGRE DA MANIFESTAÇÃO **37**

A intuição é uma força poderosa no milagre da manifestação. Carl Jung descreveu-a certa vez como uma abertura às possibilidades e uma capacidade de entrever o todo numa simples imagem. Seja qual for o rótulo, nossa capacidade para imaginar criativamente uma solução é a força que impele toda a empresa para a frente.

Embora existam muitas histórias de uma quantidade de intuições que modificaram empresas, algumas das evidências mais claras provêm das pesquisas que tiveram início no começo dos anos 60. Douglas Dean e John Mihalasky da Faculdade de Engenharia de Newark realizaram um estudo sobre a intuição e a proficiência dos presidentes de 67 empresas. Utilizando um teste muito simples para a intuição, eles descobriram que, dos 60% que haviam duplicado seus lucros nos últimos cinco anos, todos eles estavam acima da média da capacidade de intuição. Dean e Mihalasky repetiram posteriormente seu estudo com um segundo grupo de presidentes de empresas e obtiveram uma reprodução exata de suas descobertas originais.

Mais recentemente, Weston Agor, da Universidade do Texas, realizou um estudo com mais de 2.000 administradores de vários níveis, em empresas particulares e públicas. Utilizando uma variedade de testes comprovados, descobriu que "a intuição parece ser uma habilidade que é mais predominante naqueles que empreenderam a escalada administrativa". Além disso, descobriu que os executivos seniores comprovaram ter capacidades intuitivas significantemente mais elevadas do que os administradores dos escalões intermediários ou inferiores.[14]

Daniel Isenberg, num artigo para a *Harvard Business Review*, descreve que passou dois anos estudando o processo de pensamento de dezenas de administradores seniores. Cada um desses administradores tinha entre dez e trinta anos de experiência administrativa e havia ocupado diversos cargos. O que Isenberg descobriu foi que "Os administradores seniores raramente pensam de uma maneira que alguém poderia simplesmente considerar como 'racional'". Em vez disso, quando estão sob pressão e os riscos são altos, a intuição é o instrumento mais apropriado para ser usado na tomada de decisões.[15]

38 OS SETE MILAGRES DA ADMINISTRAÇÃO

Todos esses estudos apontam para a verdade fundamental da manifestação: as idéias criam a realidade.

Quando a mudança é necessária, devemos começá-la com uma idéia. Não apenas com qualquer idéia, mas com uma idéia firme que atue como um condutor para a energia da realização.

Quando necessitamos de resultados diferentes, um novo mercado, produtos melhores, aumento de vendas — qualquer que seja a necessidade — o primeiro e mais importante passo é gerar a idéia correta. A nova realidade só poderá se manifestar se a idéia já existir.

O processo de geração da idéia correta não é simplesmente pensar a respeito de um problema. Ele requer desanuviar a nossa mente e concentrar-se em uma imagem. Sentar-se em silêncio ou em profundo estado de relaxamento pode ajudar. Fechar os olhos e escutar uma música suave também pode ajudar a desanuviar a mente.

Depois de diminuir a velocidade do que William James denominou "fluxo da consciência" fazemos então perguntas simples a nós mesmos: O que desejamos que aconteça? Qual será o melhor resultado? Como será o futuro?

Uma vez respondidas essas perguntas, mantemos a resposta na forma de um quadro bem definido em nossa mente. Movemos o quadro e o examinamos de todos os ângulos. Com que ele se parece? Quais são suas características mais importantes? Que impressão ele nos dá?

Durante esse processo de "visualização" devemos ter o cuidado de nos livrar do constrangimento do *status quo*.

Temporariamente, devemos nos desobrigar dos limites de hoje e explorar o que poderá existir amanhã, sem dar atenção ao caminho que irá ligar o hoje ao amanhã.

A determinação do caminho da manifestação vem depois. Antes, devemos decidir o que manifestar, em vez de qual será o processo da manifestação.

O MILAGRE DA MANIFESTAÇÃO **39**

Quando tentamos manifestar uma nova realidade baseando-nos naquilo que é atualmente possível, em vez de uma visão nítida do futuro, quase sempre nos perdemos. Lembram-se de todas aquelas conversas de alguns anos atrás a respeito de um escritório sem papéis? Isso nunca aconteceu, e aposto que isso nunca acontecerá. Por quê? Porque aquela visão do futuro estava baseada no que era *possível*, não no que era *necessário*. Em outras palavras, os futuristas embriagados com a nova tecnologia dos computadores pessoais fizeram predições baseadas nas extensões lógicas dessa tecnologia, em vez de entreverem a concepção de um mundo compatível com a natureza humana. Na verdade, gostamos de que as palavras importantes sejam estáticas. Gostamos de manter documentos importantes em nossas mãos e manter um registro físico deles, em vez de apenas vê-los em uma tela.

O mesmo é verdade no que diz respeito ao livro que você agora tem em mãos. Há apenas alguns anos, os editores estavam brigando para comprar os direitos eletrônicos das principais obras literárias e instalando divisões de publicações eletrônicas, baseados na predição de que os CD-ROMs iriam substituir os livros. Mais uma vez, era uma visão baseada na tecnologia e não nas necessidades humanas básicas. Quem realmente quer ler um livro todo na tela de um computador? Existe alguém que leve o seu *laptop* para a piscina a fim de, ao lado dela, ler um livro durante uma modorrenta tarde de sábado? Suspeito que muito poucos.

O problema é este: as melhores idéias que visualizamos devem estar baseadas em algo que se deseja no futuro, não apenas em um moderado avanço na tecnologia atual ou em um pensamento ilusório do tipo "isso não seria bom?" As idéias melhores e mais bem-sucedidas são as que fazem eco com nossa natureza humana e contribuem para o aperfeiçoamento das pessoas envolvidas. Quanto mais nitidamente retratamos a idéia em nossa mente, mais moldamos a idéia na melhor realidade para o nosso futuro.

Comprometimento

Uma vez tenhamos gerado a idéia, o passo seguinte é o comprometimento. Essa imagem do futuro merece um investimento de sua vida? Você está disposto a comprometer-se a torná-la uma realidade? Somente as idéias que são importantes o suficiente para merecer nossa atenção e nosso cuidado irão por fim se manifestar.

O comprometimento com uma idéia transforma-a de um desejo em uma meta. Ela converte-se em algo mais do que apenas "agradável tê-lo", é um comprometimento antecipado. Por exemplo: consideremos todos os calouros universitários que se matriculam no programa de estudo pré-médico. Muitos ingressam no programa pensando: "Não seria interessante ser médico?" Depois de alguns anos de árduos estudos e de tentar satisfazer os rigorosos requisitos para entrar na faculdade de medicina, a maioria deles descobre que não tem realmente *aquele* comprometimento com a idéia de se tornar um médico e descobre outro maior. O mesmo ocorre com as outras facetas da vida. Se quisermos manifestar nossas idéias, devemos estar total e completamente comprometidos a torná-las realidade.

A manifestação funciona como um relógio que atrasa. Em uma época na qual obtemos resultados através de um toque em um botão ou um clique em um *mouse*, a manifestação leva um determinado tempo e exige paciência daqueles que estão com ela envolvidos. O comprometimento para manifestar uma idéia inclui a permissão para que o tempo do processo decorra.

Não entortamos colheres com as nossas idéias: nós mudamos o mundo.

Truques de salão e outras artimanhas são feitos através de uma rápida prestidigitação; o trabalho artístico exige tempo. O comprometimento para mudar o mundo exige tempo e uma ajuda extra da paciência.

O MILAGRE DA MANIFESTAÇÃO **41**

Quando a manifestação envolve um grupo, deve haver uma unidade no comprometimento do grupo. Uma idéia defendida por alguém e que envolve a participação de outras pessoas deve ter também o comprometimento delas. Quanto maior a unidade de comprometimento, mais possibilidade terá a idéia de se manifestar.

O comprometimento com a manifestação de uma idéia não é o mesmo que inflexibilidade. Um pensamento rígido, imutável é a antítese do universo, como Margaret Wheatley tão bem demonstrou em seu livro *Leadership and the New Science*.[16] Pelo contrário, comprometer-se com uma idéia significa envolver-se com a idéia e permitir que o curso da mudança ocorra, torne-se patente e melhore a idéia.

O comprometimento com a manifestação é análogo ao comprometimento de um pai com o filho. O filho cresce, muda e se desenvolve. Finalmente, o filho separa-se do pai e torna-se uma pessoa adulta com seus próprios valores. Com a manifestação, começamos com uma idéia embrionária que contém todos os elementos de uma idéia mais madura. Do mesmo modo que nos comprometemos com a idéia-embrião, devemos também nos comprometer com o desenvolvimento definitivo e a elaboração final da idéia. Com o tempo e a experiência, continuamos a receber novas informações que podem aperfeiçoar nossas idéias. A manifestação do que nos é mais benéfico requer que integremos nosso aprendizado e mudemos nossas idéias.

Afirmações

Um instrumento que é útil na construção e na solidificação do comprometimento com uma idéia é a afirmação. Afirmações são declarações positivas e confiantes que "atestam a existência da idéia".

Um dos melhores exemplos de uma afirmação vem da gigante da computação e da tecnologia Hewlett-Packard (HP). Lew Platt, diretor-executivo dessa empresa, disse a um repórter da *Business Week* que a HP "iria mudar fundamentalmente a maneira das pessoas pensarem a respeito da fotografia".[17]

42   OS SETE MILAGRES DA ADMINISTRAÇÃO

Fotografia? HP? Na época em que ele fez essa declaração (julho, 1997), a HP nunca havia fabricado uma câmera ou qualquer outro equipamento fotográfico usualmente utilizado. Poder-se-ia esperar essa declaração da Kodak, da Canon, da Nikon, da Fuji Photo Film ou de qualquer outra gigante da fotografia, mas não de um neófito no ramo como a HP.

Mas essas empresas deveriam se acautelar. O sr. Platt estava utilizando uma já conhecida sinceridade no que diz respeito à HP. Por exemplo, voltando ao início dos anos oitenta, a HP teve uma visão do futuro que foi radicalmente diferente de tudo o que existira anteriormente no mercado, muito menos na HP. Essa visão levou a conseguir duas tecnologias de impressão, a *laser* e a jato de tinta, e vendê-las a cada proprietário de um microcomputador. Naquela época, impressora matricial de pontos era o barulhento e incômodo padrão, ao passo que a jato de tinta era ainda uma confusa alternativa de baixa resolução e a impressão a *laser* era considerada muito cara para a média dos usuários de computador. Não obstante, o presidente-executivo John Young declarou que a HP iria se expandir significativamente e dominar o mercado com essas impressoras. As outras fabricantes de impressoras existentes como a Okidata e a NCR ficaram desconcertadas com a atrevida postura da HP. Hoje, essas empresas possuem minúsculas participações no mercado de impressoras comparadas com a quota da HP: 50% nas impressoras a jato de tinta e os colossais 60% no mercado de impressoras a *laser*. Devido ao ótimo conceito da HP, 70% de todos os sistemas de computação vendidos hoje em dia incluem uma impressora a jato de tinta.

Afirmações são declarações a respeito do futuro que a pessoa faz olhando diretamente nos olhos dos outros. "Iremos liderar o mercado com o produto X." "Vamos nos tornar o fornecedor predileto do serviço X." Vamos colocar o produto X nas mãos de todos os engenheiros." "Nenhuma faculdade ou universidade será considerada atualizada a menos que possua o produto X."

Afirmações não são apenas uma criação ilusória de fatos que se desejaria fossem realidade. Uma empresa como a HP não faria uma declaração para o mundo a respeito de fotografia a menos que estivesse seriamente decidida a acompanhá-la com ações. É isso que uma afirmação significa — criar um comprometimento com uma idéia a respeito do futuro. É um passo sério quando se está em apuros. É uma imagem verbal do amanhã claramente definida.

A história está cheia de corajosas afirmações que mudaram a humanidade. Cristóvão Colombo asseverou ao rei e à rainha da Espanha nada menos que se poderia chegar ao Extremo Oriente, navegando-se a partir da Espanha em direção ao oeste. Quase na mesma época, Nicolau Copérnico fez a radical afirmação de que a Terra não era imóvel, mas girava em torno do Sol. Orville Wright afirmou que o vôo tripulado, propulsionado por um motor poderia ser realizado, contrariando a crença popular e os conceitos da engenharia. Há apenas três décadas, o presidente John F. Kennedy afirmou que o homem iria à Lua, um feito sem precedente na história da humanidade.

O que todas essas afirmações têm em comum é uma declaração categórica a respeito do futuro que estava baseada em uma idéia bem elaborada. Cada afirmação contradizia as crenças da época e propunha radicalmente um futuro que era diferente do *status quo*. Era necessário coragem e convicção para fazer essas declarações, geralmente enfrentando uma tenaz oposição. Mesmo assim, cada uma dessas afirmações estimulava o futuro. O fato de colocar a idéia em declarações positivas e categóricas gerou a confiança e a energia que transformaram a idéia em realidade.

As afirmações são uma etapa extremamente importante no milagre da manifestação. Uma vez formulada a idéia, a afirmação é a primeira etapa na manifestação da nova realidade. É uma contínua e categórica declaração que atrai a confiança, o comprometimento e a energia necessários para converter a idéia em uma realidade palpável. O milagre da manifestação inicia-se com uma idéia visualizada e prossegue através do processo de comprometimento e de afirmações até que ela se torna realidade.

44 OS SETE MILAGRES DA ADMINISTRAÇÃO

Realização

A realização é o cenário da manifestação. Uma vez que tenhamos gerado uma idéia compatível com nossa estrutura de habilidades e conhecimentos, e estejamos fazendo todas as coisas compatíveis com essa idéia que vai se tornando realidade, logo descobrimos que temos a manifestação da nossa realidade.

MANIFESTAÇÃO NA ORGANIZAÇÃO

Se a realidade é, no final das contas, um produto do nosso pensamento (como já o vimos), então a organização deve ser também um produto de nossa imaginação. Desde o início, uma organização só existe na mente daqueles que têm acesso a ela. Você não pode mostrar uma organização, só as ações daqueles que a ela pertencem. Cada vez mais, nesta era de redes de computadores, empresas multinacionais e parcerias estratégicas, é difícil identificar os vários componentes de uma organização. A organização não é nada mais que um conceito abstrato com o qual todos concordamos. Em sua essência, a organização é um pouco mais que uma idéia.

Depreende-se então que a organização é um produto recorrente da manifestação. A idéia na essência da organização produz a realidade que pode ter ramificações locais, nacionais ou internacionais. Quando essa idéia se modifica, a realidade da organização também se modifica.

Essa é uma das mais profundas verdades que qualquer administrador deve reconhecer: uma mudança duradoura só pode acontecer quando a *idéia* da organização muda.

Geralmente, todos os administradores bem-intencionados já tentaram mudar as organizações, modificando a maneira de pensar dos seus funcionários, administradores, clientes e acionistas a respeito dela. O resultado? As organizações novamente remanejadas sofrem os mes-

O MILAGRE DA MANIFESTAÇÃO **45**

mos problemas e imprevistos de antes. A idéia na essência da organização deve mudar, se quisermos que ela mude para melhor.

Assim sendo, onde está essa idéia e de que modo ela pode ser modificada? A idéia que cria a organização reside na mente dos que nela têm uma participação (isto é, administradores, funcionários, clientes e acionistas). Todas essas pessoas têm uma idéia a respeito do que a organização faz e do motivo pelo qual ela existe. Essa é a idéia coletiva que cria a organização.

As idéias não consistem em planos estratégicos. Elas não vivem de cálculos de despesas administrativas, balanços imaginários, organogramas, relatórios anuais ou programas de treinamento. As idéias só podem brotar na mente humana. Embora elas possam se constituir em instrumentos úteis para influenciar a mente dos que estão envolvidos com a organização, só podem ser eficientes na medida em que influenciam o pensamento. Se elas não modificarem a maneira básica de pensar das pessoas a respeito da organização, *a organização não irá se modificar*.

A maneira de pensar dos participantes a respeito de uma organização é, em geral, relativamente simples. Vejamos o exemplo da Mervyn's.

A Mervyn's é uma cadeia de lojas de departamentos com cinqüenta anos de idade e sede em Hayward, Califórnia. A idéia original da Mervyn's nasceu de Merv Morris para oferecer produtos de uso doméstico e roupas de baixo custo para as florescentes famílias decorrentes da elevação da taxa de natalidade que se seguiu à II Guerra Mundial. A Mervyn's ficou famosa pelas suas mercadorias básicas, despojadas de supérfluos e a preço baixo.

A idéia da Mervyn's sobreviveu e prosperou até o fim dos anos 70, quando Morris vendeu a cadeia de lojas que crescia cada vez mais à gigante de vendas a varejo Dayton-Hudson. No início da década de 80, no entanto, as coisas começaram a mudar. Os consumidores norte-americanos não desejavam mais apenas as roupas indispensáveis a um preço conveniente, eles queriam modelos de estilistas conhecidos a um preço razoável.

46 OS SETE MILAGRES DA ADMINISTRAÇÃO

O conceito da Mervyn's como tal existia na mente tanto dos compradores da empresa quanto dos consumidores, entretanto não mudou. Os compradores ainda estavam abastecendo as prateleiras com vestidos fora de moda e camisas de poliéster, e os consumidores ainda associavam esse tipo de mercadoria com a Mervyn's. Lentamente, muitos desses clientes mudaram para outras lojas de varejo que ofereciam uma moda mais atual a um preço moderado. O desempenho total da Mervyn's começou a declinar.

A idéia de mercadorias básicas de estilo simples persistiu através de uma série de administradores e compradores da Mervyn's. A despeito de anos e anos de resultados medíocres e vários administradores se revezando durante o início dos anos 90, a força do antigo conceito da Mervyn's perdurava. Mesmo quando algumas tentativas foram feitas no sentido de mudar as mercadorias e o interior das "lojas de departamento de descontos", elas nunca pareciam obter sucesso. Entrar em uma Mervyn's ainda significava sentir-se atraído pela idéia original — uma idéia que havia ocorrido em favor do público comprador.

A idéia da Mervyn's era simples e direta, e essa idéia manifestava praticamente cada aspecto do crescimento da organização. Antes da mudança, novas lojas eram geralmente localizadas em centros comerciais simples ao lado de mercearias e lojas que vendiam uma grande variedade de artigos por preços baixos, onde o consumidor preocupado com o orçamento ia fazer compras, em vez de serem encontradas nos centros comerciais onde as lojas mais caras estavam situadas. A iluminação nas lojas era fluorescente e intensa, diferente da suave e agradável luz das sofisticadas lojas de departamento que tinha por objetivo destacar as mercadorias. Os painéis com amostras eram de aço cromado e o piso era de linóleo resistente. Até a sede da empresa permanecia em Hayward, um antigo subúrbio de São Francisco onde funcionou a primeira Mervyn's.

Duas coisas podemos depreender do exemplo da Mervyn's: a idéia que personifica uma organização (mesmo as organizações muito grandes) é *simples*, e ela é obstinadamente *persistente*. A idéia que deu

O MILAGRE DA MANIFESTAÇÃO **47**

origem à Mervyn's persistiu por décadas pelo fato de ter sido verdadeiramente proveitosa. Tanto os empregados quanto os clientes da Mervyn's inconscientemente mantiveram viva a idéia da organização e continuaram a lhe dar apoio. A idéia da Mervyn's era direta e clara (o que foi uma das razões para que persistisse por tanto tempo). A despeito de muitas reorganizações e do gasto de milhões de dólares em campanhas promocionais, a Mervyn's não começou a mudar até que a administração mudou efetivamente a idéia básica da organização.

A chave tanto para o crescimento quanto para a mudança da empresa reside na administração da idéia básica da organização. Quando as pessoas que têm uma participação financeira pensam na organização, quais as duas primeiras coisas que lhes vêm à mente? O impacto coletivo desse pensamento é o que forma o núcleo energético da organização.

Quanto mais unidade existir dentro da idéia básica, maior o poder que essa idéia tem para se manifestar. Quando todos os empregados pensam na organização como sendo "a que presta serviços com a mais alta qualidade" ou talvez como tendo "o melhor serviço", mais força tem aquela idéia e mais probabilidade ela terá de manifestar-se e persistir com o passar do tempo. As idéias básicas que são simples e unificadas criam organizações dirigidas por um forte senso de objetivo. São essas as organizações que, na maioria das vezes, são bem-sucedidas.

A MUDANÇA DA IDÉIA BÁSICA

O administrador que procura mudar uma organização (e utilizo o termo organização para definir qualquer unidade empresarial distinta e relativamente autônoma) deve, antes de tudo, mudar a idéia básica da organização.

O primeiro passo na mudança da idéia básica é o administrador reconhecer que a idéia corrente é que personifica a empresa. De que

48 OS SETE MILAGRES DA ADMINISTRAÇÃO

modo a maioria dos empregados descreve a empresa, sua missão e o papel deles com referência a ela? Como eles se sentem a respeito desse papel? Quem eles vêem como clientes e o que acham que esses clientes esperam da empresa? A mesma linha de questionamento deve ser utilizada com outros grupos de pessoas que têm participação na empresa.

A seguir, o administrador deve examinar honestamente a capacidade da empresa. Despojando-se das idéias e das pessoas tendenciosas, o que a empresa é capaz de produzir? Quais são as pessoas talentosas que existem na empresa? Neste exato momento, no que se pode perceber no presente, que recursos intelectuais e físicos existem na empresa? Qual é o ambiente da empresa?

Uma vez respondidas essas perguntas, o processo de visualização pode ser utilizado para criar uma nova idéia básica. O administrador, com a contribuição do ponto de vista de todos os participantes, deve formular a nova idéia. A nova idéia deve ser simples e, embora deva mudar a empresa, deve ser compatível com a atual *atividade* da organização. Por exemplo, a nova idéia de que a HP irá se tornar líder no mercado da fotografia digital representa uma grande mudança para a empresa (como vimos, a HP nunca participara do mercado da fotografia), embora seja ela totalmente compatível com a atual atividade da HP (suas tecnologias altamente sofisticadas de recuperação digital ajustam-se perfeitamente ao uso da fotografia em geral). A nova idéia representa uma mudança complementar.

As fases seguintes de comprometimento e afirmação requerem que o administrador comece a criar um comprometimento em relação à idéia e aja *como* se a nova idéia *já* seja uma realidade. Ele começa a organizar com segurança todo o processo necessário para a nova idéia. E o que é mais importante, o administrador começa a falar da nova idéia com afirmações positivas e estimulantes. Ele aproveita todas as oportunidades para falar, tanto por meio de ações como de palavras, a respeito da nova idéia.

Em breve, a idéia básica começa a substituir a antiga idéia na mente das pessoas que participam da empresa. À medida que elas

O MILAGRE DA MANIFESTAÇÃO **49**

ouvem o administrador descrever continuamente o novo modo de agir, enquanto vêem imagens da nova realidade, começam lentamente a aceitar a nova idéia por si mesmas.

Assim que os participantes reconhecem a nova idéia, surge uma quantidade crítica de unidade e a nova idéia começa a se manifestar. Essa é a fase final da concretização da realidade manifestada.

A missão do administrador durante a fase da concretização é assegurar que a nova idéia permaneça na mente das pessoas que participam da empresa.

Às vezes, principalmente quando há uma sólida unidade em favor da nova idéia, ela pode se transformar em algo que é indesejável. Empregados, frustrados com as inevitáveis ambigüidades da mudança, podem colorir a nova idéia com sentimentos negativos. Lentamente, o que foi certa vez uma idéia muito boa pode começar a se desintegrar.

Quando, por exemplo, os empregados ficam desiludidos e ressabiados com a organização, o que acontece? Um ambiente evidentemente sombrio e cético se manifesta. E quanto maior unidade exista nesses sentimentos negativos, mais o ambiente de trabalho se degrada. Em breve, essa crescente manifestação passa a afetar a produtividade e a rentabilidade. Inadvertidamente, esses empregados manifestaram uma organização desacreditada.

Para manter o desenvolvimento da nova idéia, o administrador deve estar sempre pronto a ouvir os empregados e a ajudá-los a considerar a empresa de uma maneira nova. Quando algo acontece que possa ameaçar a nova idéia, o administrador deve auxiliar os empregados a interpretar esse acontecimento de uma maneira positiva. Manter e criar uma unidade em torno da idéia da organização é a principal função do administrador bem-sucedido. Quanto mais unidade ele cria, mais a nova realidade pode se manifestar.

50 OS SETE MILAGRES DA ADMINISTRAÇÃO

No centro da manifestação existe uma idéia. No centro da empresa existe uma idéia. No centro do trabalho de cada empregado existe uma idéia.

O verdadeiro administrador de empresa é um cultivador de idéias, criando um ambiente fértil e receptivo para que as idéias floresçam e amadureçam. Quando a colheita está próxima, o administrador deve antes cultivar o campo humano das idéias.

Para cada empresa que exista, existe a manifestação. O problema mais importante é: o que a sua empresa irá manifestar? Como administrador, você mantém em suas mãos o poder do milagre. A escolha é sua, o milagre cabe a você realizar. Que resultados você irá manifestar?

A CRIAÇÃO DO MILAGRE

Eis algumas poucas sugestões para criar o milagre da manifestação.

♦ *Brainstorming.* A prática é tão utilizada que quase já se tornou um clichê. Não obstante, ela funciona. Esse procedimento consiste em reunir um grupo de pessoas para se chegar a boas idéias. As pessoas são estimuladas a expor qualquer idéia que lhes venha à mente. Ela é então escrita em um lugar onde todos possam vê-la. Essa idéia inspira outra idéia, e o processo continua até que o grupo tenha criado uma longa relação de idéias. Durante o processo, cada participante do grupo abstém-se de crítica e autocensura. Embora esse procedimento gere sempre muitas idéias, algumas das quais são descartadas, é um instrumento muito útil para fazer surgir soluções criativas.

Uma prática que já vi funcionar muito bem é dedicar, periodicamente, uma reunião do quadro de funcionários ao *brainstorming*. Cada empregado é solicitado a levar o problema para a reunião e o grupo

O MILAGRE DA MANIFESTAÇÃO **51**

passa igual tempo elaborando idéias para uma possível solução. Como sempre, todas as pessoas do grupo devem se abster de criticar as idéias durante a reunião. Depois, o empregado apanha a relação de idéias e a reduz, deixando apenas as que considera úteis, descartando-as e combinando-as. Na reunião seguinte da equipe, cada empregado expõe a idéia selecionada.

Pelo fato de as idéias serem o fundamento das soluções manifestas, o *brainstorming* como um processo formal e como uma postura administrativa é extremamente importante. Cada projeto deve começar com um estágio de *brainstorming* com liberdade de pensamento. O administrador que realiza o milagre estimula, e até desafia, os empregados a inventar soluções melhores do que as que existiam antes. Em vez de agir da mesma maneira antiga, o administrador admite um período de tempo de pensamentos divergentes no qual muitos tipos diferentes de solução são examinados antes de ser escolhido um plano de ação.

◆ *Trabalhar em casa*. Na maioria dos escritórios, o telefone está constantemente tocando, as pessoas andando para lá e para cá e é impossível concentrar-se em um problema por tempo suficiente. Exatamente quando você acha que está próximo da solução — pronto! — alguém enfia a cabeça em seu cubículo e você perde o fio da meada.

Permitir aos empregados ocasional liberdade para trabalhar em casa, na biblioteca ou em um escritório isolado pode ser uma grande manifestação de apoio. Escritório com cubículos, o esquema mais comum dos escritórios atuais, diminui a privacidade e, conseqüentemente, o controle sobre todo o ambiente.

Sempre achei difícil ser criativo em um cubículo sem porta. Achava muito estranho ficar ali com o olhar fixo no espaço por longos períodos, andando de um lado para outro, ou mesmo deitado por alguns minutos; embora faça regularmente essas coisas quando estou criando por trás de portas fechadas. Para mim (e creio que para a maioria das pessoas) a geração de idéias está estreitamente vinculada ao meu

52 OS SETE MILAGRES DA ADMINISTRAÇÃO

bem-estar físico. Se não me sinto confortável, é difícil concentrar totalmente meus pensamentos no problema à mão. Dar aos funcionários o tempo e o ambiente para pensarem cuidadosamente a respeito dos problemas fará com que gerem melhores idéias e manifestem a melhor solução possível.

◆ *Resistir à tentação de exercer um microcontrole.* Dar a cada projeto tempo suficiente, antes de avaliar o seu progresso e os seus efeitos. Por exemplo: eu fui, certa vez, encarregado de fazer a mudança do sistema de avaliação do desempenho da empresa. Todos pareciam concordar em que ele não funcionava, mas não havia concordância quanto à solução para corrigir o problema. A primeira solução por mim desejada para esse problema foi delinear outra vez o sistema de avaliação a partir da base. Quando terminei, tinha delineado um processo tecnicamente perfeito para avaliar o desempenho dos funcionários.

Antes de pôr o programa em funcionamento na empresa, meu chefe fez-me testar o sistema com diversos grupos para uma discussão aberta. Aquilo foi algo que me surpreendeu. Todos os que compareceram àqueles grupos acharam o método ineficaz e irritante. Segundo se via, o que eles realmente queriam era algumas mudanças no sistema antigo: umas poucas escalas de medição a mais e alguns exemplos de comportamento de cada categoria. Fiquei muito satisfeito por ter testado o programa antes de aplicá-lo. Ele poderia ter causado um rebuliço se tivesse sido imposto a cada administrador.

Eis o problema: se o meu diretor tivesse me pressionado, devido ao meu talento, a cada etapa do projeto, eu deveria ter mostrado algum "progresso". O desempenho do meu novo sistema de avaliação surgiria como "progresso", mas na realidade não era progresso nenhum. Em vez disso, permitindo-me gerar idéias e testá-las sem a pressão de mostrar um resultado imediato, pude testar as soluções antes de me tornar responsável pelo que me fora confiado. No final, o antigo sistema de avaliação com algumas modificações e exemplos

O MILAGRE DA MANIFESTAÇÃO **53**

recebeu a aprovação da maior parte da empresa, proporcionando a mim e ao meu chefe grandes elogios.

Afirmações

Tenho tudo de que necessito para ter sucesso dentro de mim mesmo. Não irei encontrar nenhum problema que eu não possa solucionar. Minhas idéias criam as soluções corretas.

Proporcionarei espaço e liberdade para as idéias. Darei a meus funcionários espaço e liberdade para pensar e criar. Juntos, conceberemos um futuro que será melhor para todos nós.

Estimularei e cultivarei o que sei que é certo. De maneira gentil e respeitosa, apoiarei as melhores idéias de meus funcionários até que eles as manifestem em realidade.

O Milagre da
Reciprocidade

A LEI DA RECIPROCIDADE

*O Comportamento Leva a
um Comportamento Semelhante*

OS SEMELHANTES SE ATRAEM

Esta é uma lei básica do comportamento humano. Uma reação, mesmo que intencional, tende a induzir uma reação semelhante. Pessoas com interesses semelhantes tendem a se agrupar em clubes, bairros, igrejas e até em profissões. Somos irresistivelmente atraídos para pessoas semelhantes a nós e levados a reproduzir as ações daqueles que nos cercam.

Quando alguém é rude conosco, é bem provável que também sejamos rudes e, quando alguém é bondoso e compreensivo, tendemos a retribuir com bondade e compreensão. Uma pessoa sorri e retribuímos o sorriso dela. Uma gargalhada autêntica faz com que os outros riam. O comportamento induz um comportamento semelhante.

Esse é o milagre da reciprocidade e ele atua diariamente à nossa volta. O que fazemos atrai pessoas que aprovam nossas ações e que prontamente reproduzem nosso comportamento. Por exemplo, quando um gerente começa a falar de uma maneira agressiva a respeito da prepotência de outro, o que acontece? O que foi vítima do ataque em geral reage com a mesma agressividade. O empregado que não está disposto a ajudar os outros geralmente não obtém ajuda quando necessita. O incompetente, sendo um sujeito "legal", em geral tem colegas que fazem o possível para protegê-lo e ocultar seus erros.

O milagre da reciprocidade atua na empresa diariamente, embora, de todos os milagres, seja esse o que tem mais probabilidade de ser esquecido. Quantas vezes você já ouviu um executivo autoritário queixar-se da falta de espírito de equipe de seus empregados? Ou participando de uma reunião na qual todos se apressam a defender uma idéia que não faz sentido simplesmente porque ela foi proposta por um colega simpático? Realmente, a reciprocidade impera no mundo empresarial. Você recebe o que você dá.

58 OS SETE MILAGRES DA ADMINISTRAÇÃO

A reciprocidade é verdadeiramente preciosa. Faça algo aos outros e eles farão o mesmo por você.

Nossa linguagem do dia-a-dia está cheia da lógica da reciprocidade: "Estou pedindo que me faça um favor." "Você me deve isso." Ele teve o que merecia." "Deite-se com cachorros e pegará pulgas." Temos incontáveis maneiras para expressar o intercâmbio econômico da reciprocidade.

Há muitos exemplos de reciprocidade em ação no mundo empresarial. Vejamos a Columbia/HCA:

Em 1987, Rick Scott, um jovem advogado de Dallas, associou-se a outro financista para comprar, usando US$ 125.000 de suas economias, dois hospitais em El Paso, Texas. Esses dois hospitais constituíram o início da Columbia Hospital Corporation, que rapidamente se tornou uma rede de mais de 90 hospitais. Em 1993, a cadeia de hospitais evoluíra para uma empresa de 20 milhões de dólares, com 342 hospitais. Em 1997, a Columbia empreendeu uma fusão com a Tenet Healthcare, criando a maior empresa de assistência médica dos Estados Unidos.

O fenomenal crescimento da Columbia pode ser atribuído à arte da negociação. Scott, um talentoso negociador autônomo, fechou a compra de 30 empresas de atendimento médico e acrescentou mais 80, apenas em 1997. Não há dúvida de que seu sucesso estava na capacidade da Columbia para descobrir hospitais na iminência de uma crise financeira e surgir em cena como o "cavaleiro andante", salvando a situação. Como disse Martin Brotman, diretor do California Pacific Medical Center: "Eles são muito bons para descobrir sangue na água... farejam o ar e rapidamente chegam aonde é possível ganhar dinheiro." [18]

A marca registrada dos negócios da Columbia é a agressividade implacável. Uma de suas táticas, como assinalou o Bloomberg News, consiste em informar aos hospitais da comunidade que a Columbia irá construir nas proximidades, instalações com preços competitivos,

O MILAGRE DA RECIPROCIDADE **59**

se eles não aceitarem sua proposta de compra. Outras táticas incluem negociações secretas nas quais solicita-se que a diretoria aprove uma transação sem saber o preço de compra e as condições. A maioria dos administradores dos hospitais que concordou com essas negociações secretas são agora empregados da Columbia.

Uma grande preocupação para muitas comunidades é a má vontade da Columbia para continuar oferecendo assistência médica beneficente e a indigentes, como costumavam fazer os hospitais antes de serem vendidos. Instituições que haviam sido fundadas e mantidas tendo como princípio a assistência aos necessitados e indigentes não estão mais fornecendo esses serviços essenciais.

A Columbia também tem sido agressiva na propaganda. Entre outras táticas, ela alugou painéis próximos ao portão de entrada de muitos dos seus concorrentes fazendo propaganda do hospital da Columbia nas imediações. Por exemplo, em frente do principal concorrente da cidade de Oklahoma, o Baptist Hospital, a Columbia alugou um grande painel no lado oposto da rua da entrada principal, fazendo propaganda de seu hospital na região, com preços competitivos.

O que a Columbia ganhou com essa atitude? Oposição agressiva. Algumas das ações defensivas que têm sido postas em prática contra a companhia incluem as seguintes: em Cookeville, Tennessee, mil habitantes resolveram dar apoio financeiro ao hospital sem fins lucrativos da cidade e abraçaram a causa. O hospital não foi vendido. Em Rhode Island, a assembléia legislativa impôs um limite ao número de hospitais que as empresas com fins lucrativos poderiam comprar, depois que a Columbia manifestou grande interesse nos hospitais locais. O procurador público da Califórnia Dan Lundgren impediu uma negociação proposta entre a Columbia e o altamente conceituado Sharp Hospital, alegando que ela iria limitar excessivamente a capacidade do hospital de continuar com seu legado de serviços beneficentes. Procuradores públicos de Michigan e Ohio também levantaram objeções a negócios da Columbia. Na Flórida, o Centro Médico da Universidade de Miami rejeitou a proposta de arrendamento, tendo em vista a reputação da Columbia.

60 OS SETE MILAGRES DA ADMINISTRAÇÃO

E esses são os menores contratempos sofridos pela Columbia. Parece que a agressividade da chefia da campanhia difundiu-se através da cultura empresarial e gerou outras práticas de combate no mínimo questionáveis. Mais digno de nota é o fato de o FBI ter recentemente obtido 51 mandados de busca para entrar nos escritórios da Columbia e procurar evidências de faturamento fraudulento no programa governamental de assistência médica para idosos. Três executivos já foram indiciados e o FBI promete mais num futuro próximo.

Na época em que este livro estava sendo escrito, Rick Scott foi forçado a renunciar ao cargo de diretor-executivo. O novo chefe da Columbia, dr. Paul Frist, vem afirmando repetidamente que a companhia planeja assumir uma postura menos agressiva no futuro. Como disse a revista *Time:* "No fim, a arrogância de Scott pode ter lhe custado o seu império."[19]

A reciprocidade trouxe de volta à Columbia muitas de suas táticas, o que para ela é muito prejudicial. A companhia estará enfrentando as dificuldades geradas pela própria reputação ainda por muitos anos. Segundo Linda Miller, presidente dos Curadores Voluntários de Hospitais sem Fins Lucrativos, "a Columbia agiu de forma a colocar um alvo em seu peito" devido ao "estilo agressivo de Rick Scott". Com suas ações, a Columbia criou uma reação desfavorável.

Existem muitos outros exemplos de reciprocidade no ambiente empresarial, particularmente entre chefes e empregados. Defrontei-me com a reciprocidade não muito tempo depois de ter saído da universidade e de ter ingressado no mercado de trabalho. Em um dos meus primeiros empregos, passei a ocupar um cargo administrativo em que supervisionava vários especialistas em desenvolvimento empresarial. Esses cargos requeriam grande aptidão e habilidade para solucionar problemas, uma vez que as pessoas que os ocupavam geralmente trabalhavam nos níveis mais altos da empresa, ajudando os executivos a solucionar problemas e a trabalhar em conjunto de maneira mais eficiente.

O MILAGRE DA RECIPROCIDADE **61**

Um dos especialistas subordinado a mim era Peter, um ex-*hippie* que acabara se tornando um analista de controle de qualidade. Ele era o tipo do sujeito despreocupado que raramente chegava às reuniões na hora e sempre parecia desorganizado. Tenho de admitir: nunca gostei muito de Peter.

Lembro-me de participar de reuniões em que o ouvia dizer coisas como: "Eu os desafiei a suar a camisa" e "Disse-lhe para não lavar roupa suja em público". Seu jargão de psicologia popular me repugnava. Podia imaginar que suas "intervenções" eram apenas: abraços cordiais ou algo semelhante. Ele estava sempre querendo organizar equipes para "cursos de treinamento" nos quais os participantes penduravam-se em árvores, despencavam de escadas nos braços uns dos outros e sentavam-se em grupo como índios dizendo o quanto "confiavam" nos colegas.

Pouco tempo depois de ter chegado, decidi que Peter deveria ser dispensado. Eu queria um corpo de assistentes bem treinados e que tivessem sólidas credenciais em comportamento comercial e empresarial, e Peter não tinha esse perfil. Quando comecei a transferir para outras pessoas algumas das tarefas mais visíveis de Peter, começou a minha primeira grande lição de reciprocidade. As minhas atitudes fizeram com que surgisse um grupo de apoio a Peter dentro da empresa. Executivos que exerciam altos cargos na empresa chamavam-me para expressar seu decidido apoio ao trabalho de Peter. Alguns chegaram a se oferecer para transferi-lo para a sua equipe de assistentes se eu o dispensasse.

À medida que eu aprendia mais sobre a contribuição de Peter para a empresa descobri que ele realmente era muito despreocupado, desorganizado, um tanto inseguro e que tinha pouco conhecimento das técnicas formais de desenvolvimento empresarial. Entretanto, ele dera um valioso apoio a muitos executivos quando necessitaram. Tinha sido absolutamente honesto com eles, quando ninguém mais o fora. Havia ficado nos bastidores, orientando-os em situações difíceis. Usando o seu estilo simples e direto, havia ajudado muitos ad-

62 OS SETE MILAGRES DA ADMINISTRAÇÃO

ministradores a retornar aos trilhos depois de enfrentar um iminente descarrilamento.

Agora esses executivos estavam retribuindo o favor e dando-lhe apoio. Certamente, muitos deles admitiam que Peter não era extraordinariamente intelectualizado ou expressivo, mas ele estivera pronto para lhes dar ajuda quando mais necessitaram disso. Sem levar em consideração sua produtividade, eles estavam dispostos a defendê-lo do meu modesto julgamento.

O que aprendi dessa experiência ajudou-me muitíssimo. Decisões dentro da empresa, principalmente com relação aos empregados, raramente dependem apenas da competência ou do desempenho deles. Um grande componente nessas decisões que provocam alterações nas carreiras é a reciprocidade. Um empregado cujo desempenho é considerado muito bom, mas que sempre afrontou a todos, raramente será bem-sucedido em uma empresa. Quando isso acontece aos outros, nosso senso de justiça inato faz com que vejamos as coisas de outra forma.

Em meu trabalho como consultor recebo freqüentemente solicitações de algum executivo para ajudar um gerente a ele subordinado e que está em apuros. Geralmente, esses gerentes tiveram uma ascensão muito rápida na empresa, mostrando-se muito promissores. Com o passar do tempo, entretanto, alguma coisa passa a não andar bem. Eles mostram-se incapazes de manter o sucesso anterior. Outras pessoas da empresa começam a evitar essa pessoa, preferindo não trabalhar com ela em projetos importantes. Ela já não consegue mais influenciar colegas e subordinados para conseguir que o trabalho seja feito.

Com demasiada freqüência, esses são sintomas de reciprocidade. O gerente ineficiente está agindo de algum modo que está induzindo a uma reação negativa por parte dos outros. Talvez ele tenha sido excessivamente desleal ou desonesto em seus procedimentos. Talvez tenha se recusado a colaborar com os outros, quando necessitavam de ajuda.

Para ajudar um gerente nessa situação, preciso fazer-lhe algumas perguntas delicadas e pessoais. O que você está fazendo que induz a essa reação? Como você está criando esses problemas na empresa?

Perguntas como essas impedem que o gerente ponha a culpa nos outros pelos seus infortúnios. Em geral, é exatamente isso que ele está fazendo — culpando os outros pela situação que criou. Forçá-lo a admitir o problema e a reconhecer sua participação é o primeiro passo rumo a uma solução.

O passo seguinte é ainda mais difícil do que o primeiro. Requer que o gerente demonstre o tipo de comportamento que ele gostaria que os outros tivessem. Isso significa cooperar com os mesmos colegas que antes recusaram-se a cooperar com ele. Significa confiar nas atitudes dos outros para que eles possam retribuir essa confiança. Para muitos, reprimir o orgulho pode ser uma difícil lição. Muitos recusaram-se a tentar, o que acaba obrigando-os a desistir ou a pedir transferência para outro posto.

Ao comportar-se da maneira que gostaria que os outros se comportassem com ele, o gerente põe em ação a lei da reciprocidade. Com o tempo, os que cercam o gerente percebem a mudança e começam a reagir de outro modo. À medida que ele mantém consistentemente seu modo de agir, os problemas com os outros vão lentamente desaparecendo. Seu poder de influência é restaurado e sua carreira entra outra vez nos eixos.

A lei da reciprocidade é a antítese do sentimento de vitimismo.

É impossível nos sentirmos vítimas, culpando os outros pelas nossas dificuldades, quando reconhecemos o quanto contribuímos para a criação do problema. O ponto crucial da questão é: O que tenho feito para criar essa confusão?

Com certeza, outras pessoas podem contribuir para o fracasso de um gerente e para que ele venha a arcar com alguma responsabilidade. Culpar essas pessoas, no entanto, é completamente improdutivo.

64 OS SETE MILAGRES DA ADMINISTRAÇÃO

A única pessoa que podemos — ou queremos — controlar totalmente é a nós mesmos. Uma vez que não podemos controlar os outros, o melhor que podemos fazer face ao problema é mudar nossas atitudes. A maravilhosa verdade a respeito da lei da reciprocidade é: se mudarmos nossa reação, os outros, sem controle ou coerção, reagirão da mesma maneira.

Qual é o maior problema que você enfrenta em seu cargo? Em sua empresa? Agora faça a si mesmo uma pergunta delicada: O que estou fazendo para criar esse problema?

Os outros estão dispostos a cooperar com suas iniciativas? Pergunte a si mesmo: Até onde estou disposto a cooperar com os outros? Seu chefe está propenso a confiar-lhe maiores responsabilidades? Pergunte a si mesmo: Até que ponto recuso as orientações e os conselhos de meu chefe? Seus empregados não demonstram muita disposição para contribuir com idéias que possam melhorar o desempenho da empresa? Pergunte a si mesmo: De que maneira estou sonegando informações a meus empregados?

O milagre da reciprocidade completa a curva do bumerangue do comportamento. O início do círculo é um comportamento que é depois completado por um comportamento reativo. Quando modificamos o comportamento inicial, também mudamos a curva de retorno do comportamento. Aja da maneira que você gostaria que os outros estivessem agindo, e em breve eles corresponderão à sua conduta.

A CRIAÇÃO DO MILAGRE

Eis algumas sugestões para criar o milagre da reciprocidade:

◆ *Nunca aja de maneira agressiva ou nociva com alguém na empresa, mesmo que essas ações possam passar despercebidas e funcionar a seu*

O MILAGRE DA RECIPROCIDADE **65**

favor. Certa vez, fui procurado pelo gerente de um departamento de vendas que tinha, por razões desconhecidas, um longo histórico de conflito com o gerente do sistema de informações. Nessa época, o gerente do sistema de informações estava encarregado de refazer o sistema financeiro da empresa, o que incluía o departamento de vendas. O gerente de vendas, ciente de que o seu departamento estava prestes a mudar radicalmente alguns procedimentos essenciais, sonegou essa informação ao gerente do sistema. Quando um dos seus funcionários trouxe à baila, em uma reunião da equipe, a possível diferença entre o modo como o sistema estava sendo escrito e os novos procedimentos de vendas, o gerente desse departamento não deu atenção ao comentário, dizendo ao funcionário que não cabia a ele supervisionar a revisão do sistema. Todos, inclusive eu, compreendemos o que ele queria: deixar que o gerente do sistema fracassasse, por não ter sido informado a respeito das mudanças.

O que aconteceu? O novo sistema de vendas não funcionou a contento e o gerente do sistema sofreu as conseqüências de ter escrito um programa custoso e inútil. Por ironia, o gerente de vendas perdeu seu emprego seis meses depois do incidente. Por quê? Um de seu funcionário usou o mesmo artifício, fazendo com que ele fracassasse drasticamente. Ao estabelecer o padrão com seu comportamento inamistoso, o gerente de vendas sancionou uma prática que finalmente causou a sua ruína.

◆ *Dê aos seus empregados o benefício da dúvida.* Ao confiar no trabalho dos funcionários, apoiar o trabalho deles e evitar avaliar constantemente as suas decisões, o administrador faz com que eles também lhe dêem apoio. Quando precisa que seus empregados apóiem prontamente o seu programa de trabalho, eles retribuem a confiança e se dispõem a ajudá-lo no que for necessário. Durante as épocas de crise, esse tipo de apoio dos empregados pode fazer a diferença entre o sucesso e o fracasso.

66   OS SETE MILAGRES DA ADMINISTRAÇÃO

◆ *Resista à vontade de mandar embora um empregado quando ele está deprimido, por mais desagradável que ele possa ser.* Trate o empregado que adoece, divorcia-se inesperadamente ou perde um ente querido da mesma forma que gostaria de ser tratado durante uma crise pessoal. Quando possível, dê-lhe tempo para se recuperar. Suas ações enviarão uma mensagem clara e enfática para todos os empregados. Por sua vez, quando você necessitar do apoio deles, eles estarão presentes.

◆ *Esteja pronto a dar ajuda aos outros, mesmo quando ela não for solicitada.* Se existir algo que você possa fazer sem prejudicar a si próprio, faça. Se existir alguma informação, *know-how* ou algo de interesse que possa ser transmitido a um funcionário, comunique ao gerente ou empregado que precise saber disso. Agindo dessa forma, você estará criando uma "caderneta de poupança" para suas ocasiões de necessidade.

Afirmações

O que eu dou, recebo de volta. Darei o que tenho de melhor para que receba o que for melhor para mim.

A maneira como trato os demais é importante. Pronunciarei palavras de incentivo. Oferecerei ajuda sempre que puder. Colaborarei para o sucesso dos outros.

Recuso-me a participar de manipulações e retaliações. Ao contrário, acabarei com essas ações não deixando que elas se repitam. Quebrarei o ciclo negativo.

Minha situação é simplesmente um reflexo de minhas ações. Tomando cuidado com minhas atitudes, criarei o melhor emprego que jamais tive.

O Milagre da Honestidade

3

A LEI DA HONESTIDADE

A Autenticidade Gera Confiança

Nada surpreende tanto os homens quanto
o bom senso e a conduta correta.

RALPH WALDO EMERSON [20]

A CONFIANÇA É A BASE DE TODOS
OS RELACIONAMENTOS PRODUTIVOS

Quando os fornecedores podem confiar que tudo o que a empresa lhes diz é absolutamente verdadeiro, eles se dispõem a fazer mais do que fariam se isso não acontecesse. Os empregados que sentem que a empresa está sendo correta com eles reagem com honestidade e lealdade. Os clientes respeitam uma marca quando sabem que o fabricante irá entregar exatamente o que foi prometido. Os investidores mantêm o investimento por mais tempo quando sabem que a administração está sendo totalmente honesta em suas projeções e no que é divulgado, mesmo quando a lucratividade é insatisfatória.

Se a honestidade na empresa moderna está morta, ela está enterrada na Madison Avenue. A "arte de vender" permeou as empresas, forçando a verdade a se esconder por trás das mercadorias bem arrumadas no ponto de venda. Nos dias de hoje, ninguém ousa iniciar um novo programa dentro da empresa sem levar em conta o "nível de instrução" dos usuários. Eles o "vendem" para os executivos de primeiro escalão, "testam" o seu mercado em grupos de amostragem e, se o resultado for desfavorável, empregam o controle de perdas, na qual podem estar incluídas atividades questionáveis como desacreditar e silenciar as críticas.

70 OS SETE MILAGRES DA ADMINISTRAÇÃO

O problema com essa abordagem mercadológica dos relacionamentos da empresa não é que ela necessariamente produza mentiras gritantes, mas que ela em geral distorce a verdade, tornando-a irreconhecível. Cada vez mais, os administradores prometem praticamente tudo que acham que os responsáveis pelas decisões da empresa querem ouvir se quiserem progredir na carreira.

Esse disfarce e distorção da verdade cria enormes problemas para a empresa e, finalmente, para o administrador que se acostuma a essa prática.

Levada ao extremo, a empresa pode tomar as decisões mais importantes com base em programas e produtos que só existem em fotografias decorativas e folhetos de papel brilhante — pouco mais do que promessas fantasiosas feitas no calor do momento. As boas intenções se desintegram sob o peso da realidade, e com o tempo essas expectativas não-realizadas voltam para apontar o administrador que as criou.

Onde começa a desonestidade na empresa? Ela começa com você e comigo, diariamente. Todos os dias somos desonestos de várias maneiras. Por exemplo: chegamos à nossa reunião das 7 da manhã depois de um esforço hercúleo para ajustar os cuidados com os filhos ao horário da reunião, marcada para uma hora mais cedo do que de costume. Sorrimos e agimos como se uma hora mais cedo não fosse um problema para nós. Na reunião, apoiamos propostas que na verdade não analisamos, mas, pelo fato de o patrão apoiá-las, também votamos a favor. Circunspectos e atentos, agimos como se estivéssemos realmente escutando uma apresentação enfadonha quando, na realidade, não estamos ouvindo uma palavra. Então o representante dos recursos humanos começa a falar a respeito da importância da segurança na empresa e acenamos com a cabeça em concordância, ao mesmo tempo que pensamos que isso é uma completa perda de tempo.

O essencial é o seguinte: as normas empresariais requerem que demonstremos um determinado nível de desonestidade. Se fôssemos totalmente honestos em todos os momentos, a ordem social seria praticamente impossível. Assim, simplesmente escondemos ou encobrimos a verdade com alguma coisa que seja mais aceitável, deixando que a empresa funcione tranqüilamente.

O problema começa quando a linha entre essas "mentiras socialmente aceitas" e a verdade torna-se indistinta. Não mais reconhecemos o que é verdade e o que não é. Ficamos cada vez mais inclinados a adornar os fatos, tornando-os mais sedutores para nossa audiência. Colocamos um véu sobre a realidade tornando-a mais aceitável para a empresa. Criando lentamente um fato adornado após outro, ampliamos cada vez mais a distância da verdade efetiva.

Essa desonestidade não só faz com que a empresa tome decisões sobre "dados falsos", como também corrói a confiança entre os membros da organização. Sem a confiança, o ingrediente essencial de todos os relacionamentos, as conexões que mantêm a empresa unida começam a se desfazer.

Um dos princípios da física moderna que muito tem contribuído para a atual teoria empresarial afirma que a matéria nada mais é do que conexões. Essa é a substância que mantém unida uma empresa — as conexões ou relacionamentos. Sem honestidade, não existe confiança e, por conseqüência, um relacionamento muito fraco. Finalmente, isso se traduz em um empresa tragicamente fraca.

Por outro lado, a verdadeira honestidade só fortalece a estrutura empresarial. Ela constrói relacionamentos modernos que podem suportar um enorme *stress* durante tempos de crise. Essa honestidade nem sempre é fácil ou agradável, mas é eficiente ao criar a melhor organização possível.

72 OS SETE MILAGRES DA ADMINISTRAÇÃO

A HONESTIDADE DE FATO COMPENSA?

A despeito do gigantesco poder da honestidade para criar empresas fortes e confiáveis, a maioria das recentes pesquisas informa que a prática da honestidade está em declínio. Uma pesquisa datada de 1997, patrocinada pela Ethics Officer Association, descobriu que aproximadamente a metade dos 1.324 trabalhadores pesquisados realizaram atos não-éticos e/ou ilegais durante o ano anterior. Das atitudes que os entrevistados mencionaram, 14% eram mentir para encobrir um incidente, 9% eram mentir para os clientes ou enganá-los, e 5% eram mentir para o superior a respeito de um assunto sério. 56% dos trabalhadores disseram que se sentiam pressionados pelos superiores a agir de maneira antiética ou ilegal no trabalho, sendo que os gerentes de nível médio eram os que tinham sentido maior pressão. [21] Uma pesquisa semelhante levada a efeito pela Louis Harris & Associates para a firma de consultoria administrativa de Coopers & Lybrand descobriu que um terço dos gerentes de nível médio e metade dos funcionários que não ocupavam cargos de liderança concordavam que o "mensageiro de notícias desagradáveis assume um risco verdadeiro em minha empresa". [22]

As fraudes *para com* a empresa (quando confrontadas com as fraudes em favor da empresa) são estimadas em 200 bilhões de dólares por ano. Um número surpreendente por si mesmo, porém muito mais quando comparado com a cifra muito inferior de 4,3 bilhões de dólares que o FBI atribui a todos os crimes violentos ocorridos por ano. Por falar no FBI, o número de agentes que se ocupam com os crimes de colarinho branco, relacionados ao mundo empresarial, aumentou consideravelmente nos últimos quinze anos.

Como isso aconteceu? Sem nenhuma dúvida, a resposta a essa pergunta é multifacetada. Entretanto, um favor fundamental pode ser encontrado no lugar mais improvável: *The Harvard Business Review*. Em 1990, dois professores da Harvard Business School, Amar Bhide e Howard Stevenson, publicaram uma violenta crítica contra a honestidade na atividade comercial, apropriadamente intitulada: "Por que ser honesto, se a honestidade não compensa?"[23] Nesse artigo de nove páginas, eles concluem que não existe uma razão econômica para ser honesto. Citando apenas evidências fortuitas e insignificantes, dizem que a desonestidade continua relativamente impune; "o poder é um eficaz substituto da confiança", a fraude é "inquestionavelmente" recompensada, e os que não cumprem o que lhes foi solicitado são afastados devido à má reputação. O artigo prossegue, citando história após história de pessoas envolvidas no mundo dos negócios que obtiveram sucesso roubando, mentindo ou ludibriando as outras. Para esses dois professores de uma das mais respeitadas faculdades de comércio dos Estados Unidos, a honestidade é rigorosamente uma opção moral que encontra poucos fundamentos na realidade empresarial.

"A honestidade é, na verdade, antes de tudo uma opção moral. Homens e mulheres de negócios dizem a si mesmos que, afinal de contas, estão fazendo o melhor, agindo dessa maneira. Mas existe pouca base fatual ou lógica para essa convicção. Sem valores, sem uma preferência básica pelo correto em detrimento do errado, a confiança baseada nesse auto-engano irá se desintegrar diante da tentação."

O que Bhide e Stevenson deixaram de considerar foi o impacto a longo prazo da desonestidade nas relações comerciais. Sem dúvida, uma pessoa pode executar uma grande trapaça, fugir com milhões de dólares e sair de cena para desfrutar a pilhagem. (Os escândalos da poupança e dos empréstimos na última década provaram que isso ocorre.) Mas, quanto à pessoa que se envolve continuamente com práticas desonestas em menor escala? Devemos acreditar que as outras pessoas, com quem ela tem de trabalhar regularmente, ignoram a fraude e continuam a tratar de negócios como se nada estivesse acontecendo? A experiência de muitas pessoas no mercado de trabalho mostra que isso não acontece.

74 OS SETE MILAGRES DA ADMINISTRAÇÃO

Bhide e Stevenson encheram várias páginas do artigo avaliando práticas imaturas como "injúrias" e "retaliações" contra colegas de trabalho desonestos. Segundo o artigo, eles constataram que essas práticas devem ser mínimas e sugerem que isso significa que a desonestidade continua impune. Embora seja verdade que a maioria dos profissionais se recuse a desperdiçar seu tempo com sabotagem ou desforras, isso não é, de maneira nenhuma, evidência de que as relações comerciais não sofrem nas mãos da desonestidade. Em vez disso, a maioria dos adultos está trabalhando em um nível mais elevado de atuação ética e prefere se afastar de uma situação como essa em vez de procurar uma desforra. Quando lhes é dada uma oportunidade, preferem fazer negócios em outro lugar.

A "punição" para a desonestidade vem com mais freqüência na forma de oportunidades perdidas do que em forma de desforra. O funcionário sob suspeita deixa de receber uma grande promoção ou a firma transgressora não consegue obter o contrato. Podendo escolher, as pessoas preferem trabalhar com aquelas em quem confiam. Quando se trata de um projeto importante para a empresa, o gerente em quem todos confiam é o que recebe tapinhas nas costas.

Na verdade, esse é o caso de pelo menos um dos exemplos citados pelo artigo. Com referência a "renomadas lojas de departamentos de Nova York", cujos nomes não são mencionados, eles contam a história de empresas que encomendam mercadorias, demoram para pagar e, quando o fazem, pagam só parte da fatura, depois de subtrair o valor das multas. Um grande amigo meu, proprietário de uma firma de *design*, uma vez forneceu mercadorias finíssimas para uma dessas lojas e confirmou essa prática, contando-me que ele agora se recusa a fazer negócio com esses varejistas exatamente por causa disso. Disseme que muitos fornecedores de mercadorias diferenciadas, em particular firmas menores, também se recusam a fornecer para essas lojas por já terem passado por experiências parecidas. A falta de honestidade parece ter custado muitas oportunidades a essas lojas de departamentos.

O MILAGRE DA HONESTIDADE **75**

O fato de um artigo como esse ser publicado por um dos principais meios de comunicação do setor empresarial e ser escrito por dois professores universitários que fazem parte da Ivy League traz conseqüências que não podem ser ignoradas. Esses dois professores formam as mentes mais brilhantes dos Estados Unidos no mundo dos negócios. Com toda certeza, o uso freqüente que fazem de termos como "moralistas", "modo de pensar fantasioso" e "otimistas que confiam em todo mundo" comunica uma certa falta de inteligência ou de astúcia empresarial por parte dos homens e mulheres de negócios que insistem em ser honestos. Os autores parecem dizer nas entrelinhas que aqueles que realmente detêm o poder e influenciam na tomada de decisões são os que não se preocupam muito com a honestidade.

Mas eles estão errados, e a sabedoria dos séculos desacredita a mensagem que passam. Quase todas as religiões conhecidas e a maioria dos filósofos, escritores, poetas e outros que escrevem a respeito da condição humana asseveram que a honestidade é uma das maiores dádivas do indivíduo para si mesmo e para a sociedade. Sem ela, a sociedade fracassa. Sem ela, o indivíduo fracassa. Os que progridem através da desonestidade, além de viver angustiados pela possibilidade de serem descobertos, mantêm-se à parte dos relacionamentos de confiança. Não merecem confiança e não podem confiar em si mesmos, pois conhecem seus segredos.

Em meu livro anterior, *Beyond the Looking Glass* [24], mostrei com que rapidez o administrador oportunista e desonesto pode cair em ruína. Ele pode voar alto utilizando-se das artimanhas de gravadores escondidos, mas quando cai em desgraça é geralmente de maneira súbita e cruel. O versículo das Escrituras muito citado me vem à mente: "Aqueles que vivem pela espada, morrem pela espada."

Ironicamente, dos três exemplos de empresas que Bhide e Stevenson utilizam para justificar a afirmativa de que a desonestidade compensa, apenas uma, a Exxon, continua a ter lucros. As outras duas, Borland International e "as famosas lojas de departamento de Nova York" sofreram perdas consideráveis nos últimos anos, tendo uma despedido 30% de seus empregados e outra apelado para a proteção da concordata.

76 OS SETE MILAGRES DA ADMINISTRAÇÃO

O PODER DAS EXPECTATIVAS

Por mais tentadores que sejam os artifícios de exagerar as qualidades da empresa e de torná-la mais atraente aos olhos dos clientes, o administrador que cria os milagres apega-se, em vez disso, a uma saudável reverência ao poder das expectativas. Ele conhece um princípio muito importante:

É sempre melhor criar expectativas realistas e superá-las do que prometer a Lua e não cumprir a promessa.

Cumprir o que se prometeu é a essência da honestidade. Se você estiver pondo em prática um novo programa para melhorar o serviço ao cliente, será que ele vai realmente funcionar? Ou será que se trata simplesmente de um programa para melhorar as aparências e criar uma impressão falsamente favorável que irá satisfazer as demandas de um superior e só aparentemente realizar o que promete?

SIMPLICIDADE

O respeito à simplicidade está ligado à honestidade.

O administrador que cria milagres sempre faz isso de maneira simples.

A apresentação, os objetivos, o projeto, o plano são todos expostos em porções facilmente digeríveis. Na maioria das situações, os seres humanos só podem lidar com três, talvez quatro, conceitos de cada vez. Se o objetivo é influenciar e motivar os outros (e esse é o objetivo do administrador), sobrecarregá-los com informações só fará com que percam de vista esse objetivo. As melhores coisas são sempre as mais simples, claras e honestas.

O MILAGRE DA HONESTIDADE   **77**

Existem três espécies de mentira:
as mentiras, as mentiras execráveis e as estatísticas.

BENJAMIN DISRAELI
(CITADO EM *AUTOBIOGRAFIA*, DE MARK TWAIN) [25]

Um renomado e perspicaz presidente de uma empresa disse-me certa vez que o número de *slides* usados em uma apresentação estava em proporção direta com as "bobagens" apresentadas. Quando esse líder corporativo era bombardeado com *slides* "artísticos" e apresentações cuidadosamente redigidas, começava a desconfiar de que ali havia um problema. De acordo com seu modo de pensar, só uma coisa muito ruim precisa ser tão bem maquiada.

Quase sempre, é isso o que, na verdade, ocorre. Embora fluxogramas e modelos complexos sejam algumas vezes necessários, em geral algo mais simples funciona melhor.

O administrador que tem a reputação de ser direto e claro é aquele que, na empresa, as pessoas costumam procurar quando necessitam realmente de orientação.

Na realidade, apresentar idéias complexas de uma maneira simples requer muito mais habilidade administrativa do que um amontoado de tabelas, setas e cronogramas.

O administrador que faz milagres evita a prática do que eu chamo de "disputa mental". Isso ocorre quando o administrador sente-se compelido a emitir opiniões e a fazer críticas a respeito de tudo que seus colegas fazem, o que não significa um comentário sincero a respeito do que foi feito, e sim a tentativa de demonstrar que é intelectualmente superior a eles.

O administrador honesto só faz um comentário a respeito das atitudes dos outros quando é sincero e parece de fato relevante para o assunto que está sendo tratado no momento.

78 OS SETE MILAGRES DA ADMINISTRAÇÃO

Lutar contra a tentação de exagerar as coisas, de mostrar-se superior aos outros em inteligência e de confundir os colegas com sua capacidade analítica é a chave para merecer o respeito necessário para se chefiar uma organização.

Admitir que não se compreende algo ou que se cometeu um erro é também um fator-chave da honestidade administrativa. Ocultar a própria ignorância ou um erro é uma falha do administrador que vai ficando cada vez maior com o passar do tempo. Quando a verdade é finalmente descoberta, o prejuízo para uma carreira é grande e muito pior do que seria se ela não tivesse sido encoberta.

A sinceridade e a honestidade a respeito de um fraqueza quase sempre aumentam a reputação de um administrador muito mais do que a prejudicam.

UM ERRO MONUMENTAL

Talvez um dos exemplos mais pungentes de honestidade encontre-se no centro da cidade de Nova York, na esquina da avenida Lexington com a rua 53. Nesse endereço está uma magnífica jóia da arquitetura moderna, o edifício do Citicorp Center, com 59 andares e uma fachada cor de prata polida. Ele é verdadeiramente fruto de um projeto audacioso que parece pairar suavemente acima de uma praça, numa esquina, e a igreja de São Pedro, na outra. Dois homens, o arquiteto Hugh Stubbins Jr. e o engenheiro civil William "Bill" LeMessurier, são responsáveis pelo premiadíssimo projeto do arranha-céu.

Em 1978, um ano após a conclusão do Citicorp Center, LeMessurier descobriu uma falha preocupante no projeto estrutural do edifício. A descoberta, provocada por um simples telefonema de um estudante de engenharia de Nova Jersey que indagava a respeito do projeto, referia-se ao fato de as juntas utilizadas nas revolucionárias escoras em V, inventadas por LeMessurier, haverem sido cons-

O MILAGRE DA HONESTIDADE **79**

truídas de maneira incorreta. Embora o projeto original exigisse juntas soldadas, os engenheiros que supervisionavam a construção as substituíram por juntas aparafusadas que, na maioria das vezes, mostravam-se mais do que suficientes. Então, depois que o edifício já estava ocupado, LeMessurier começou a analisar seu inquietante pressentimento de que o projeto radical do edifício poderia evidenciar que as juntas aparafusadas eram inadequadas para resistir aos fortes ventos em diagonal.

Sem estar totalmente convencido de seus cálculos, ele dirigiu-se a Alan Davenport, diretor do Laboratório Boundary Layer Wind Tunnel, na Western Ontario University, uma autoridade mundial em efeitos dos ventos das alturas sobre os edifícios. A investigação de Davenport sobre o edifício confirmou o crescente temor de LeMessurier, o edifício tinha falhas graves. Davenport descreveu um cenário totalmente real que era até pior do que LeMessurier havia pensado: as tempestades que açoitavam o edifício iriam provavelmente dar início a uma vibração que tornaria as juntas cada vez mais vulneráveis. Depois de repassar os números de Davenport e os registros meteorológicos da cidade de Nova York, LeMessurier calculou inicialmente que havia uma chance em dezesseis de que uma forte tempestade atingisse a área. Era uma probabilidade perigosamente alta — que os meteorologistas chamam de tempestade de dezesseis em dezesseis anos — e ela poderia ocorrer a qualquer momento.

Um fator que LeMessurier não havia incluído em seus cálculos era a ampliação da absorção da massa, um bloco de 410 toneladas de concreto, colocado perto do topo do edifício e que diminuía a sua oscilação durante os vendavais. Ao incluí-la em seus cálculos, a probabilidade da estrutura desmoronar saltava para uma tempestade de 55 em 55 anos.

Profundamente abalado, LeMessurier retirou-se para a sua casa no Maine para avaliar as opções que tinha. Ele poderia permanecer em silêncio. Afinal de contas, a probabilidade de uma tempestade como aquela ocorrer durante o resto de sua vida (ele estava então

80 OS SETE MILAGRES DA ADMINISTRAÇÃO

com 52 anos) era relativamente insignificante. A essa altura, Davenport era a única pessoa, além dele, que sabia da falha, e ele jamais revelaria a descoberta por sua própria conta. Poderia suicidar-se, um pensamento que lhe ocorreu enquanto pensava no descrédito público e na bancarrota que iriam certamente seguir-se à divulgação do erro. Ou poderia revelar o problema e tentar ajudar a repará-lo. Depois de muito pensar, ele decidiu-se pela segunda opção.

Depois de voltar ao seu escritório em Cambridge, Massachusetts, na manhã de segunda-feira, 31 de julho, procurou entrar em contato com Hugh Stubbins, o arquiteto com quem havia planejado o edifício. Stubbins estava na Califórnia e inacessível. Telefonou então para a sua companhia de seguros, a Northbrook Insurance Company, e explicou o problema a seus advogados. Na terça-feira à tarde, encontrou-se com Stubbins na casa dele e expôs os terríveis detalhes. Stubbins, visivelmente abalado pelas trágicas notícias a respeito de sua obra-prima, concordou em trabalhar com LeMessurier para resolver o problema da melhor maneira possível. Na manhã seguinte, ambos tomaram um avião para Nova York com o intuito de dar a notícia ao presidente da Citicorp na ocasião, Walter Wriston.

Wriston, para satisfação de LeMessurier e Stubbins, estava verdadeiramente orgulhoso do edifício cuja construção havia autorizado e ofereceu-lhes apoio total para que fossem feitos os reparos necessários. Nos meses que se seguiram, um plano complexo foi executado para reparar as juntas; placas de aço de duas polegadas seriam soldadas sobre as juntas existentes, sem que o prédio fosse desocupado. Com a ajuda de meteorologistas e sofisticados dispositivos sensoriais, o edifício e o tempo foram constantemente monitorados para determinar qualquer mudança incomum enquanto os reparos eram feitos. Em outubro, os consertos foram concluídos e uma inspeção estrutural independente constatou que, por setecentos anos, o edifício não correria perigo ao enfrentar tempestades, o que o tornava uma das mais seguras estruturas jamais construídas.

O MILAGRE DA HONESTIDADE **81**

Durante todo o verão, enquanto os reparos eram feitos, a Citicorp surpreendentemente não se pronunciara com relação aos custos do conserto. Isso mudou no dia 13 de setembro, quando a firma de LeMessurier foi notificada de que a Citicorp pretendia ser ressarcida em 4,3 milhões de dólares — quantia muito menor do que os verdadeiros custos do conserto e sem nenhuma multa pecuniária. Depois de consultar a Northbrook Insurance, LeMessurier ofereceu o máximo que a sua apólice de seguro poderia pagar: 2 milhões de dólares. De maneira singular, a Citicorp aceitou a oferta e o caso não foi para os tribunais.

De acordo com um relato no *New Yorker*, "a reputação de LeMessurier não apenas passou incólume mas aumentou". O artigo prossegue, relatando que Leslie Robertson, um concorrente de LeMessurier, afirmou: "Tenho uma grande admiração por Bill, porque ele não escondeu o problema. Embora digamos que todos os engenheiros teriam um comportamento idêntico ao dele, guardo em minha mente algum ceticismo a esse respeito."[26]

Atualmente, LeMessurier costuma contar o que ocorreu no verão de 1978 aos seus alunos nas aulas que ministra em Harvard. Ele fala de sua responsabilidade pelo erro (embora não o tenha provocado diretamente) e da responsabilidade social de todos os engenheiros no sentido de ver além dos próprios interesses e considerar as conseqüências para a sociedade como um todo. E conta a eles o final extraordinário de sua história: pelo fato de ter sido absolutamente honesto, nada de ruim aconteceu.

A afirmação de LeMessurier de que "nada de ruim aconteceu" pode parecer um tanto banal para nosso senso comercial implacável, mas quando a examinamos mais atentamente, vemos que há uma importante verdade nela implícita. A honestidade é a forma máxima de autoconsciência. Quando conhecemos completamente a nós mesmos, inclusive nossas forças e fraquezas, eliminamos o medo da imperfeição que geralmente leva à desonestidade. Portanto, quando somos honestos, criamos um ambiente que está perfeitamente ajustado às nossas capacidades. O que quer que aconteça como resultado de nossa honestidade, mesmo que as conseqüências pareçam negativas, está contribuindo para o nosso bem maior. Por exemplo, o que acontece quando fracasso continuamente na realização do trabalho que sou pago para fazer? Possivelmente, serei despedido, porém, por mais doloroso que isso possa ser a curto prazo, dificilmente posso chamar a isso de uma conseqüência "ruim", pois torna-se visível que as minhas habilidades não são adequadas a esse emprego. Minha personalidade irá se adaptar melhor a outro trabalho. Posso sobressair-me em outro lugar embora estivesse destinado a fracassar no atual emprego.

Quando mentimos a respeito de nossas habilidades para nós mesmos e para o mundo, isso cria enormes problemas. Temos de nos esconder continuamente e tentar ser algo que não somos, lembrando sempre o que *devemos* ser. Por meio da desonestidade, não somente jamais poderemos atingir todo nosso potencial, como criamos um imenso *stress* e sofrimento para nós mesmos ao longo do caminho. A carga da desonestidade é extremamente pesada, ela consome nossas forças e nossa alegria. Quando somos honestos, criamos finalmente o caminho que melhor se adapta à nossa verdadeira personalidade.

A INTEGRIDADE É IMPORTANTE

É aqui que a palavra *integridade* entra em jogo. Integridade tem o mesmo radical de *integração e inteireza* e é definida como a qualidade do que é perfeito ou completo. Significa que os pensamentos e os sentimentos de uma pessoa estão totalmente integrados com as suas ações. É a qualidade de ser sincero consigo mesmo. A desonestidade desgasta lentamente a integridade do administrador.

A integridade é frágil e, uma vez estilhaçada, é difícil de consertar.

O MILAGRE DA HONESTIDADE **83**

Um líder sem integridade é incapaz de gerar a confiança e a dedicação tão necessárias para o sucesso da empresa; em vez disso, ele se vê obrigado a recorrer às táticas de coerção e que inspiram medo. Ele não tem outra escolha senão comandar de modo autoritário. O líder que tem integridade, no entanto, consegue inspirar sua equipe a agir. Os empregados não hesitam em seguir suas orientações porque acreditam e confiam nele. Pelo fato de estar bem consigo mesmo, ele é previsível. Depois de conhecê-lo bem, os empregados conseguem antever suas reações. Ele recusa-se a assumir compromissos que não possa cumprir e jamais manipula as pessoas ou as orienta mal intencionalmente.

Erros relativos à competência, como no exemplo de LeMessurier, podem ser consertados, mas erros com relação à integridade não podem. Se alguém pratica um erro legítimo por falta de conhecimento ou de habilidade, isso pode não ser agradável, mas é compreensível. Se alguém esconde deliberadamente a verdade dos outros, é considerado um tolo e leva muito para que a experiência seja esquecida.

Conrad Hilton, o fundador dos Hotéis Hilton, foi um excelente exemplo de integridade em ação. Nascido numa família pobre do Novo México, ele veio a se tornar o chefe de uma das principais cadeias de hotéis dos Estados Unidos. Antes da estrepitosa queda do mercado de ações de 1929, Hilton tinha comprado onze pequenos hotéis no Texas, dez dos quais ele perdeu subseqüentemente, quando o país afundou nas profundezas da depressão econômica. Conhecido como um homem de honestidade impecável, ele foi capaz de reconstruir seu negócio com um pouco mais do que o valor de sua palavra e de um aperto de mão. Em 1949, conseguiu comprar o Hotel Waldorf-Astoria de Nova York por 3 milhões de dólares, e em 1954 concluiu a maior transação imobiliária desde a venda da Louisiana, com a aquisição da cadeia de hotéis Statler por 100 milhões de dólares. Ele escreve em sua autobiografia, *Be My Guest*: "Jamais em toda a minha vida descobri algo a temer por dizer toda a verdade, a verdade absoluta. E isso inclui ocasiões nas quais um subterfúgio 'um pouco judicioso' era recomendável."[27]

84 OS SETE MILAGRES DA ADMINISTRAÇÃO

A integridade, como era para Conrad Hilton, é um multiplicador de liderança. Sozinha, ela não é suficiente para o sucesso, mas aliada à perspicácia comercial, pode gerar resultados muito maiores.

As pessoas seguirão um líder honesto por um território desconhecido no qual não permitiriam que nenhum outro as conduzisse. Esse é o milagre da honestidade.

A CRIAÇÃO DO MILAGRE

Eis algumas sugestões para criar o milagre da honestidade:

◆ *Fique atento ao seu comportamento.* Quantas vezes por dia você diz a uma pessoa alguma coisa que ela deseja ouvir, mesmo que seja o contrário do que você realmente pensa? Quantas vezes por dia você diz intencionalmente uma meia verdade? Quanto tempo por dia você passa "escolhendo com cuidado as palavras" para esconder seu verdadeiro significado por trás de uma "pele de ovelha" mais aceitável? Quando começo a responder essas perguntas para mim mesmo, as respostas são um tanto perturbadoras. Não me considero uma pessoa desonesta, embora tenha descoberto que todos os dias assumo um comportamento desonesto. Se você fizer este exercício, também poderá encontrar algumas surpresas e oportunidades para criar o milagre da honestidade em seu estilo próprio de administração.

◆ *Tenha em mente que, por mais complexa que seja a apresentação, a maioria das pessoas nunca irá se lembrar de mais do que três ou cinco itens.* Faça as suas apresentações e relatórios de maneira simples e direta. Não tente influenciar os seus ouvintes com informações em excesso ou com uma interminável oratória. Em vez disso, resuma as informações ao "essencial", dando aos seus ouvintes exatamente o que eles precisam lembrar. Do mesmo modo, insista para que a sua equipe siga as mesmas normas de procedimento.

O MILAGRE DA HONESTIDADE **85**

Uma regra útil é limitar a sua apresentação a três páginas (*slides* ou projeções) no máximo. Se forem necessárias mais informações, anexe-as como um apêndice.

O que isso tem que ver com honestidade? A honestidade diz respeito à eliminação dos exageros irrelevantes na comunicação, que geralmente iludem os outros para esconder a verdade. Se mantiver a comunicação simples e clara isso irá lhe esconder a reputação de pessoa honesta e franca. Os outros logo irão prestar mais atenção no que você tem a dizer e confiar em que o que você diz é verdade.

◆ *Nunca elogie demais uma idéia, não importa o quanto você queira vendê-la.* Às vezes, os resultados de um projeto só virão num futuro -tão distante que podemos cair na tentação de exagerar as suas qualidades. Afinal de contas, pode levar anos até que venham a surgir, e quem irá então lembrar do que você uma vez prometeu? As expectativas excessivamente pretensiosas irão se refletir em sua integridade, independentemente de afetarem ou não a atual avaliação do seu desempenho. Com o passar do tempo, os outros irão começar a não levar em conta o que você prometeu e sua capacidade de influenciá-los irá diminuir lentamente.

Afirmações

Serei tão honesto quanto puder. Vou me recusar a distorcer a verdade em meu próprio benefício.

Agindo com honestidade vou inspirar confiança em minhas capacidades e poder de liderança. Os outros irão reconhecer minha autenticidade e nela irão confiar.

Minhas palavras serão simples e diretas. Não esconderei a verdade com muitas palavras e artifícios. Pelo contrário, falarei de modo tão claro e simples quanto puder.

86   OS SETE MILAGRES DA ADMINISTRAÇÃO

Tenho a coragem necessária para dizer delicadamente as verdades que, caso contrário, poderiam ficar no ar. Não permitirei meias verdades. Pelo contrário, serei honesto e totalmente franco.

O Milagre da
Tolerância

A LEI DA TOLERÂNCIA

*A Tolerância Dá Espaço
Para o Aprendizado*

A prática da tolerância, embora extraordinariamente poderosa, faz parte de uma arte esquecida. A tolerância é o milagre do aprendizado empresarial.

A tolerância é essencial para o crescimento e o aprendizado do ser humano. Em nosso empenho para ter sucesso, geralmente esquecemos que os erros são as pedras fundamentais de todas as realizações verdadeiramente importantes.

Da mesma forma que acontece com os computadores digitais de hoje em dia, quando as pessoas aprendem um conceito, aprendem na verdade duas coisas: o que é e o que não é. Quando aprendemos o conceito da luz, aprendemos simultaneamente o significado de escuridão (a ausência de luz). A luz não teria significado sem a escuridão. Como disse Elizabeth Kübler-Ross em sua autobiografia: "Aprendi que não existe alegria sem tristeza. Não existe prazer sem sofrimento. Poderíamos conhecer o conforto da paz sem a angústia da guerra? Se não existisse a AIDS, iríamos saber que a nossa humanidade está em perigo? Se não houvesse a morte, iríamos valorizar a vida? Se não houvesse ódio, saberíamos que o objetivo final é o amor?"[28]

Por isso é que os fracassos são necessários para o aprendizado do sucesso. Devemos explorar o terreno das possibilidades antes que possamos saber o que produz e o que não produz o sucesso, o que é e o que não é proveitoso. Quando nos opomos ao fracasso, negamos também a possibilidade do sucesso.

A verdade é esta: todo o mundo comete erros — todos os dias.

Para a maioria de nós, os erros geralmente não são fracassos devastadores, e por intermédio deles aprendemos que não devemos repeti-los. Ocasionalmente, até os mais talentosos profissionais cometem um erro grave.

90 OS SETE MILAGRES DA ADMINISTRAÇÃO

O administrador que utiliza o poder da tolerância sabe como lidar com os erros dos empregados. Para o empregado leal, os grandes erros trazem consigo sofrimento e frustração. Outras condenações e punições não são necessárias e só alimentam o ressentimento. O administrador que opera milagres antes de tudo ajuda os empregados a reparar o erro (não a encobri-lo) e depois a assumirem livremente a culpa para aprender com o erro.

O administrador que se recusa a usar o poder da tolerância, que insiste na idéia de que "cada um é responsável pelo que faz", está apenas criando disfarces improdutivos. Os empregados, em vez de aprenderem com os erros passados, são forçados a continuar a jogar dinheiro fora. Ou seja, os empregados devem dedicar mais energia e tempo para encobrir o erro ou para converter o erro numa vitória de Pirro — um sucesso que custa mais do que vale. Tendo em vista a lei universal de que qualquer coisa pode ser bem-sucedida quando nela se aplica muito dinheiro, o administrador que não tolera erros gasta mais do que economiza o dinheiro da empresa, mantendo os funcionários apavorados com a idéia de perder o emprego.

A TOLERÂNCIA RESPONSÁVEL

Ser tolerante não é deixar que um empregado desastrado erre *repetidamente*. Isso seria administrar de uma maneira irresponsável e desumana.

O administrador tem a responsabilidade de interpelar o empregado que é incompetente, que não se empenha no trabalho ou que não se mostra disposto a aprender. Esses empregados estão prejudicando a si mesmos e à empresa; deve lhes ser dada uma oportunidade para se aperfeiçoar ou para ocupar outra função.

Numa palestra para ex-alunos da London Business School Alumni, Charles Handy utilizou uma maravilhosa analogia para descrever os verdadeiros limites da tolerância. Ele comparou a maioria dos erros a

O MILAGRE DA TOLERÂNCIA **91**

avarias sofridas por um navio acima da linha d'água — erros que são perturbadores, mas não desastrosos. Erros abaixo da linha d'água, no entanto, afundam o navio. A solução, segundo Handy, é definir claramente a linha d'água para os empregados. Quais os erros que poderão afundar o barco empresarial? Esses não podem ser perdoados, pois põem em perigo o bem-estar da empresa. A maioria dos erros, entretanto, são apenas avarias superficiais acima da linha d'água e podem ser perdoados.

A distinção estabelecida por Handy entre erros perdoáveis e imperdoáveis leva-nos a uma importante questão a respeito da tolerância:

A tolerância não elimina as conseqüências naturais. Ela simplesmente abre mão de medidas punitivas adicionais.

Medidas punitivas — conseqüências artificiais imaginadas para punir aquele que comete o erro — não têm lugar na administração empresarial. Embora acredite-se que desencorajam o comportamento contraproducente, elas geram inúmeros efeitos colaterais indesejáveis. Ressentimento, retaliação e ódio são apenas algumas das prováveis conseqüências da punição de um empregado. Lembre-se da lei da reciprocidade: *O comportamento leva a um comportamento semelhante*. Quando tratamos os empregados como crianças malcriadas, eles reagem como crianças malcriadas.

Em vez disso, devemos confiar nas conseqüências naturais dos erros. Antes de tudo, e o que é mais importante, o administrador que trabalha com eficácia, contratando empregados motivados, irá achar que o simples ato de cometer um erro geralmente já produz conseqüências suficientes. Saber simplesmente que se errou o alvo e deixou de corresponder às expectativas pessoais é o melhor empecilho para erros futuros. É aquela sensação desagradável que se tem ao seguir um caminho errado, dizer algo inconveniente ou agir de maneira inadequada.

O administrador que age com tolerância define claramente o que espera do desempenho de seus empregados. Às vezes, isso pode incluir o hábito de mostrar os erros que um empregado não tenha percebido.

92 OS SETE MILAGRES DA ADMINISTRAÇÃO

Isso não significa acusá-lo ou repreendê-lo, mas, com boas maneiras, esclarecer precisamente a diferença entre o que é e o que não é aceitável. Uma vez feita a distinção, o incidente é esquecido em definitivo. As ações punitivas vão um passo além do permitido pela tolerância. Existem medidas que são tomadas deliberadamente para diminuir o empregado, humilhá-lo ou causar-lhe mal-estar. Ações punitivas comuns incluem: "repreender" verbalmente um empregado na frente dos outros; divulgar desnecessariamente um erro; afastar um empregado de um projeto importante, dando-lhe um horário inconveniente ou férias não-solicitadas; diminuir discriminadamente uma gratificação normal; negar uma promoção merecida ou transferi-lo; e muitas outras possibilidades negativas.

Confiar nas conseqüências naturais — a decepção de ter fracassado, tendo de despender um esforço extra para consertar o erro, reconhecendo-o publicamente — que às vezes acompanham erros visíveis, é suficiente para evitar o erro no futuro. Se não for, então o problema não está em impor restrições punitivas, mas, antes de tudo, no comprometimento do empregado com o trabalho e com a aprendizagem. Um funcionário que aparentemente não é afetado pelas conseqüências naturais dos erros demonstra evidente falta de entusiasmo pelo trabalho. Nesses raros casos, o empregado produzirá mais em outro emprego.

Voltando um pouco à analogia da linha d'água de Handy, os erros inaceitáveis que põem a empresa em perigo devem implicar medidas restritivas. Embora o empregado possa aprender desses erros, o custo é muito elevado. Qualquer empregado que seja *inteiramente* responsável por colocar em risco o sucesso da empresa representa um grande perigo. Embora esses casos sejam extremamente raros, eles às vezes ocorrem. Quase sempre, a melhor medida possível é a demissão imediata do emprego. O administrador que usa da tolerância não faz da demissão um espetáculo mas, pelo contrário, age de maneira imediata e decisiva. Os outros empregados irão receber a comunicação sem estardalhaço e irão apreciar a sensibilidade demonstrada em uma decisão desagradável como essa.

O MILAGRE DA TOLERÂNCIA **93**

David Packard, fundador da Hewlett-Packard e um dos meus heróis favoritos no mundo dos negócios, lidou com um erro de muitos milhões de dólares feito por um dos seus gerentes-gerais usando o milagre da tolerância. Quando perguntaram se ele iria despedir o gerente que errara, ele simplesmente respondeu: Por que iria fazer isso? Paguei bem caro pelo que ele fez exatamente para que aprendesse uma lição.

A tolerância constrói uma base sólida de lealdade e competência por parte do empregado. E o que é mais importante, ela gera a tolerância em retribuição.

Nenhuma empresa é perfeita. E isso também vale para os administradores. Se alguma parece sê-lo, não é difícil descobrir alguma coisa até nas melhores empresas de que alguma pessoa não gosta. A pessoa poderia estar procurando uma boa desculpa para não se envolver em um trabalho ou precisando de um alvo para sua frustração pessoal, e a empresa intolerante torna-se o alvo perfeito. Os empregados da empresa tolerante, no entanto, perdoam as faltas da organização que eles não podem mudar.

A CULPA

A falta de tolerância alimenta a crítica e a acusação – duas doenças terminais do amor.

Não existe maneira mais rápida e segura de destruir o amor entre um funcionário e um emprego do que com o martelar do aríete da falta de tolerância. Isso é definitivamente destrutivo e improdutivo.

A maior parte do atual ceticismo e do pouco ânimo nas empresas de hoje encontram suas raízes na falta de tolerância. Eu me arrepio todas as vezes que ouço um presidente-executivo culpar os adminis-

94 OS SETE MILAGRES DA ADMINISTRAÇÃO

tradores ou empregados anteriores. Embora o que ele diga possa ser verdade, ao fazer isso está apenas abrindo as comportas para as críticas que irão iniciar uma inundação da qual nem mesmo ele irá escapar. Responsabilizar alguém por um erro não o remedia, apenas cria muitos outros problemas.

RECONHECER O DANO PROVOCADO

Um dos componentes essenciais do milagre da tolerância é o reconhecimento do dano causado. Quando o empregado ou a empresa falha e de alguma maneira prejudica os interesses do outro, o primeiro passo em direção à tolerância requer que a parte que errou reconheça o dano que causou. Em outras palavras, admita o erro.

Reconhecer o dano provocado é decisivo para inspirar tolerância, principalmente quando a empresa, de maneira prepotente, ignora seus empregados.

Na maioria dos casos, tudo o que um funcionário necessita ouvir é que a empresa admite ter errado. O novo empreendimento e a relocação de empregados foram mal planejados. Afinal de contas, a reorganização não foi uma boa idéia. Qualquer que seja o fracasso, o fato de assumir o erro permite aos empregados diminuir a campanha para abaixar o ânimo. É difícil atacar continuamente alguém que tenha admitido ter praticado um erro.

Lamentavelmente, parece haver um acordo entre alguns administradores para que nenhum deles jamais admita ter errado ou mostre vulnerabilidade. Alguns deles já se referiam a isso como um "compromisso com o poder que têm". Mas nada poderia estar mais distante da verdade. A menos que haja uma significativa responsabilidade legal associada com uma admissão, ela quase sempre irá representar mais um ganho do que uma perda. Todos cometem erros e, se agíssemos como se não o cometêssemos, isso apenas faria de nós um alvo de ataques.

O aspecto falso do reconhecimento de culpa é a justificativa apresentada pelo relações públicas. Essa é uma justificativa que pouco tem que ver com uma mudança para melhor e tem tudo que ver com o controle dos danos. É uma tentativa de preservar a imagem de alguém, não uma intenção de fazer o melhor possível.

Em 1987, Frank Lorenzo, o agora notoriamente demitido presidente-executivo da Continental Airlines, comprou uma página inteira da revista *Newsweek* para confessar os pecados da empresa. "Crescemos de maneira tão rápida que cometemos erros. Bagagens extraviadas. Atrasos. Erros de reservas. Vocês ficaram frustrados e com raiva. E uma porção de pessoas esforçadas da Continental sentiu-se um tanto envergonhadas." Lorenzo foi sincero a respeito de seus percalços? Não de acordo com a história. Os registros da Continental sobre a pontualidade e serviços aos clientes não mostraram mudanças significativas nos anos que se seguiram à justificativa. Esse tipo de discurso de justificativa é nada mais que uma campanha publicitária completamente destituída do compromisso com a mudança.[29]

Para reconhecer o dano é preciso que o transgressor não apenas apresente uma justificativa, mas se esforce sinceramente para mudar. A espirituosa Miss Manners, uma autoridade em etiqueta, expressa essas idéias de maneira perfeita:

"A justificativa não é uma desculpa, e falta a ela o poder de compensar os danos e suas conseqüências. Ela é, na verdade, uma declaração retroativa de intenção. De que modo ela age e, em quanto tempo, depende do fato de estar associada com outros fatores relacionados com o dano:

É admissível que possa não ter havido nenhuma intenção ou houve um motivo plausível?

Se foi um acidente, ele era inevitável ou a negligência contribuiu para que acontecesse?

É um erro que já ocorreu antes?

96 OS SETE MILAGRES DA ADMINISTRAÇÃO

Qual foi a extensão do dano causado?
É possível indenizá-lo e o autor do erro pode fazer essa indenização? [30]

A justificativa, quando é sincera e seguida por uma mudança de comportamento, pode operar prodígios. Por exemplo, em 1985, a Coca-Cola Co. relançou a Coca-Cola original com o título de Coca-Cola Clássica (depois de uma Coca-Cola com nova fórmula ter fracassado). O resultado? Segundo Thomas Garbett, um consultor de propaganda empresarial, "A Coca-Cola quase conseguiu a simpatia e a compreensão dos consumidores ao declarar haver cometido um erro".

Ou vejamos o caso de Rachel Hubka, a presidente da Rachel's Bus Co., uma próspera empresa de 3,5 milhões de dólares que trabalha com ônibus limpos, confirmação de pedidos através de computadores e motoristas bem treinados que usam terno e gravata. Hubka relata a penosa experiência de ter de reembolsar 3.200 dólares após um de seus motoristas não ter conseguido levar os alunos da oitava série a seu destino a tempo. A escola telefonou para a empresa queixando-se do atraso e, depois de falar com o motorista, a empresa admitiu a falha e reembolsou o preço do aluguel do ônibus. O resultado? A escola continuou a ser cliente de Rachel. A lição é: o poder de reconhecer um dano para induzir à tolerância só ocorre quando a justificativa é acompanhada de uma mudança para melhor.

A tolerância é um instrumento de administração que está em desacordo com o administrador "guerreiro" de hoje. Para alguns ela pode parecer muito suave para o difícil mundo dos negócios mas, na corporação humana, ela ainda opera milagres.

A CRIAÇÃO DO MILAGRE

Eis algumas sugestões para criar os milagres da tolerância:

O MILAGRE DA TOLERÂNCIA **97**

◆ *Assuma a responsabilidade pelos erros que provocou.* Assumir a responsabilidade por fracassos pode ser difícil, quando não algo que vá alterar uma carreira. Mas como administrador, a sua integridade depende disso. Ao admitir os erros quando eles ocorrem, você abre a porta para aprender e corrigir o que está errado. Da mesma forma, jamais permita a um empregado desviar-se da responsabilidade pelos erros. Insista para que ele reconheça o erro e aprenda com isso. Quando o empregado aprende que você não o está punindo, mas encorajando-o (bem como a si mesmo e ao resto da equipe) a aprender dos erros que comete, ele ficará mais propenso a lidar construtivamente com futuros erros. A tolerância só pode ser concedida quando um erro é reconhecido por quem o praticou.

◆ *Periodicamente, elimine as informações prejudiciais do registro do funcionário.* Verifique o que deve permanecer no registro e o que pode ser removido. Se você mantiver um registro para cada empregado, habitue-se a limpar esse registro no intervalo de alguns meses e assegure-se de que os empregados tomem conhecimento disso. Geralmente os empregados revelam que os erros que cometeram em um passado remoto continua a afligi-los, e isso só leva à frustração. Faça com que saibam que os erros do passado foram esquecidos e que você só está preocupado com o atual desempenho deles.

Às vezes, as avaliações do desempenho são necessárias, principalmente se você achar que deve demitir o empregado. Esses casos, porém, são raros. Quando você sente que isso poderá acontecer, mantenha as avaliações do desempenho por um tempo maior que o usual. Se uma mudança visível ocorreu, expurgue o registro e faça com que o empregado saiba que você o fez. O empregado poderá sentir-se aliviado e grato por saber que erros passados não irão impedir o sucesso futuro.

◆ *Defina a extensão da "linha d'água" antes que um empregado venha a cometer um erro drástico.* Seja muito claro a respeito dos erros

98 OS SETE MILAGRES DA ADMINISTRAÇÃO

que resultarão em severas conseqüências ou em demissão. Se esse dia chegar, você achará essa tarefa muito mais fácil. Embora ninguém vá ficar satisfeito com o resultado, tanto você quanto o empregado conhecerão as conseqüências inevitáveis. Os outros empregados irão apreciar a maneira franca e honesta com que você tratou o empregado, mesmo quando as conseqüências são dolorosas para todos.

Afirmações

Hoje, irei praticar a tolerância. Esquecerei as deficiências da [nome da sua empresa] e verei os aspectos mais valiosos de se trabalhar aqui. Irei me libertar dos meus rancores excessivos contra aqueles que me fizeram mal.

Vou ser tolerante com meu chefe e vê-lo como um ser humano em crescimento.

Tentarei reconciliar-me com um empregado esbanjador. Em vez de punição, vou preferir dar apoio e instruções. Irei considerar todos os empregados pelo que eles são no presente e esquecer os débitos do passado. Tentarei ajudar todos os empregados, em vez de condená-los ou criticá-los severamente.

O Milagre da
Paixão

5

A LEI DA PAIXÃO

*Só Conquistamos Nosso Bem Maior
Quando Amamos o que Fazemos*

O INGREDIENTE MAIS PODEROSO DO TRABALHO É O AMOR

Assim que você o conhecer, assim que o sentir no fundo de sua alma, você descobre o mais poderoso milagre da administração. Ele é tão simples, tão puro, tão humano.

Por que passamos a melhor parte das nossas horas da vigília longe da família e dos amigos, do convívio familiar e de casa, trabalhando? Por amor. Para alguns, amor ao serviço. Para outros, amor ao desafio. Alguns amam o prestígio da posição e do poder, enquanto outros amam os princípios altruístas de seu empregador que não visa lucros. Para muitos, o trabalho é um meio de conseguir proteção e sustento para aqueles que eles amam. Outros ainda trabalham para comprar os objetos que desejam.

O verdadeiro trabalho é amor.

Independentemente do objeto ou do objetivo, é o amor a razão do nosso trabalho quando damos o melhor de nós para executá-lo. Quando esse amor acaba, o trabalho fica sem sentido, vazio de paixão e de entusiasmo. Ele torna-se penoso e sem inspiração.

O trabalho destituído de amor é como os grilhões que prendem as pessoas em relacionamentos nos quais o amor acabou.

As promessas de um tempo em que tínhamos paixão pelo que fazíamos transformam-se em ressentimentos que se infiltram em todos os nossos projetos. A alegria da camaradagem com os colegas fica estagnada, até mesmo perniciosa. A sinergia da equipe de trabalho transforma-se num exercício cujo roteiro serve para ocultar a todo custo nossas vulnerabilidades pessoais.

102 OS SETE MILAGRES DA ADMINISTRAÇÃO

Na verdade, sentimo-nos melhor quando estamos apaixonados. O auge da paixão é o topo da montanha no qual florescem todas as grandes realizações humanas. A segurança de estar envolto no manto cálido do amor liberta-nos para explorar nossas vulnerabilidades, para arriscar e para criar. Quando estamos apaixonados, viajamos para lugares onde jamais estivemos. Temos pensamentos que nunca tivemos antes. Fazemos coisas que jamais ousamos. Sonhamos.

O CASAMENTEIRO

Os administradores realmente hábeis são curadores do amor – casamenteiros entre os empregados e o trabalho.

Os administradores preparam o palco para o "romance" entre os empregados e o trabalho. Eles oficiam o casamento e testemunham os votos. Apóiam o casal, deixando que o amor se desenvolva e floresça. Às vezes, agem como conselheiros matrimoniais, ajudando um empregado que luta com um problema a reascender o entusiasmo e a dedicação por uma tarefa que tenha perdido temporariamente o seu fulgor.

Grande parte da magia na administração está na promoção do casamento. De todas as muitas tarefas que cabem a um administrador, a criação de um romance estável entre um empregado dedicado e o trabalho é uma das mais excitantes. Ele é, em parte, análise, em parte, trabalho árduo e muita intuição. Promover um casamento é uma arte que reside no olhar e no coração dos melhores administradores. Os casamentos bem-sucedidos nem sempre seguem as regras óbvias de educação e experiência. Às vezes, a lógica convencional é deixada de lado e a mais improvável dupla, formada pelo empregado e o trabalho, junta-se para conquistar a fama e a glória.

O MILAGRE DA PAIXÃO **103**

Os casamenteiros bem-sucedidos conhecem o pré-requisito essencial dos empregados vitoriosos: a paixão. Sem paixão, até o mais competente dos empregados irá tropeçar.

Zulma Borders foi a melhor professora que jamais conheci. Nunca esquecerei a úmida tarde de primavera durante a qual ela fez o impossível: ensinou a uma turbulenta classe da oitava série a emocionante essência da literatura. Foi uma aula que jamais esqueci.

As janelas que se alinhavam no lado sul da sala de aula estavam abertas e o odor de grama cortada enchia a sala enquanto o trator emitia um som rouco e contínuo, cortando a grama da pista de corridas ao longe. Era uma espécie de fluido vital que se elevava naquela tarde e que roubava a atenção dos adolescentes e enchia suas mentes com desenfreados devaneios e expectativas. Foi nesse dia que a sra. Borders leu para nós "Annabel Lee" de Edgar Allan Poe.

Quando ela começou: "Foi há muitos, muitos anos..." sua voz graciosamente deslizava pelas palavras, baixando e elevando-se com ritmo e emoção. Ela nos arrebatava com seu amor à história enquanto parecia ler um poema que nós, por um momento, acreditávamos ser de sua autoria. Quando, depois de uma pausa, ela nos recitou o trágico fim da bela virgem de Poe, foi que então notei as lágrimas cintilando em seus olhos e deslizando pelo rosto arredondado. Quando terminou, um silêncio reinava sobre uma classe hipnotizada. Suavemente, ela fechou o livro, cruzou as mãos, olhou para baixo em silêncio, e depois nos disse: "Isso é o que a boa literatura produz. Não se esqueçam disso."

E eu não me esqueci.

Em outra ocasião, lembro-me da chegada de uma nova professora-assistente à sala de aula da sra. Borders. A sra. Borders caminhou em sua maneira imponente em direção à porta e estendeu-lhe a mão: "Bem-vinda", disse ela à sorridente noviça, "ao melhor emprego que você já teve." Depois de apresentar a nova professora-assistente à classe, ela fez-lhe uma das mais sábias observações que já tive a

104 OS SETE MILAGRES DA ADMINISTRAÇÃO

felicidade de escutar: "Se chegar o dia em que você passar por aquela porta e não sentir uma centelha de excitação, esse poderá ser seu último dia como professora."

A sra. Borders havia descoberto o chamado de sua alma e não estava disposta a deixar que alguém que estivesse aos seus cuidados não sentisse o mesmo. A presença de alguém como a sra. Borders, uma pessoa tão apaixonada por seu trabalho, é contagiante. Rotular uma combinação como aquela de "trabalho" parece aviltá-la, assim como descrever uma tarefa divertida como um encargo enfadonho.

GARIMPO DA PAIXÃO

Da mesma forma que a sra. Borders, os casamenteiros estão à espreita da paixão. Eles buscam uma centelha nos olhos e um entusiasmo duradouro. A pulsação acelerada e as palavras ardentes são coisas do passado. Quando a personalidade e o trabalho se afinam, como duas peças de um novo quebra-cabeça que se completam, é um casamento que se encaixa com um "clic" de satisfação!

Muitos dos problemas da empresa moderna podem ter sido originados por falhas do casamenteiro. Empregados são encarregados de tarefas pelas quais têm pouco ou nenhum interesse. Os chefes desses empregados renunciaram ao seu papel de casamenteiro e adotaram o jugo de um capataz. Dividem o trabalho entre os empregados como se eles fossem robôs que podem ser trocados, como se os sonhos e os desejos dessas pessoas não tivessem nenhum valor para a empresa.

Os sonhos e desejos dos empregados têm um grande valor monetário para a empresa. São a única energia que a empresa tem.

Sem sonhos e desejos, há poucos motivos para se fazer um esforço maior. Não existe nenhum objetivo a ser atingido. Nada a ser inovado.

PAIXÃO EMPREENDEDORA

Promover casamentos é a essência do espírito empreendedor. O empreendedor já selecionou ele mesmo o seu casamento. Descobriu uma tarefa que é uma extensão de sua personalidade. É uma tarefa que ele cria, desenvolve, protege e abraça. Criar empreendedores dentro da corporação significa promover o casamento de empregados com as tarefas pelas quais existe um profundo sentimento e empenho.

Infelizmente, ao longo de anos de constantes reorganizações, pouca atenção tem sido dada às tarefas do casamenteiro, criando, em vez disso, casamentos de conveniência. Esses arranjos temporários entre empregados e tarefas são noivados predestinados a fazer um pouco mais do que manter o *status quo*. São arranjos que proporcionam ao empregado a possibilidade de receber um salário e à tarefa, a garantia de que uma pessoa se encarregará dela. Embora esses arranjos preservem a ordem social e "mantenham as aparências", eles privam tanto o empregado quanto a empresa de obter mais realização e produtividade. Isto é, os empregados empedernidos e amargurados por anos de trabalho despojado de amor tornam-se um peso morto que, com sua força coletiva, impede o avanço da empresa, diminuindo o seu ritmo e paralisando sua capacidade de mudança.

EXPLORADORES DE OURO

Às vezes os casamenteiros deparam-se com o problema do explorador de ouro. Os exploradores de ouro pouco preocupam-se com o conteúdo do trabalho; desempenharão qualquer tarefa desde que sejam bem pagos. Geralmente, eles são impostores corteses e sofisticados que se apresentam para qualquer ocupação que aumente sua conta bancária. Às vezes, até o mais talentoso dos casamenteiros pode ter dificuldade em diferenciar a ambição por dinheiro e o amor pelo trabalho. O problema do explorador de ouro é particularmente penoso

106 OS SETE MILAGRES DA ADMINISTRAÇÃO

quando os tempos são difíceis e é preciso fazer sacrifícios. São esses os empregados que fogem mais rapidamente pela porta dos fundos na primeira oportunidade, deixando a empresa na hora em que ela necessita desesperadamente de ajuda. Quando o ouro se esgota, o mesmo acontece com o compromisso deles.

Promover casamentos é uma das mais importantes funções de qualquer administrador.

A aptidão para descobrir uma pessoa talentosa que se sente atraída para determinado trabalho é uma habilidade fundamental para que a empresa realize todo seu potencial. As pessoas que aspiram à posição de administrador devem aspirar também ao papel de casamenteiro e conselheiro. A competência de um administrador para promover casamentos pode compensar quase todas as outras deficiências.

A MISSÃO

Acima de qualquer outra coisa, cultivar o milagre do amor é a missão de todo administrador. Esse é o único caminho para incutir o nível mais elevado de realização nos empregados. Embora eles possam trabalhar sem paixão, jamais se sobressairão na ausência dela. Uma ocupação enfadonha pode produzir resultados, porém nunca serão tão bons quanto poderia ou *deveria* produzir. O administrador que deixa que isso aconteça está enganando tanto o seu empregador quanto os colegas. Não intervindo, ele permite que um valioso empregado fique à deriva, sem uma bússola interior e sem inspiração; o empregado, por sua vez, recebe menos tarefas do que é pago para executar. Esse administrador causa um prejuízo duplo a esse empregado: o prejuízo das oportunidades perdidas para crescer e o prejuízo em seu salário.

O MILAGRE DA PAIXÃO **107**

Uma vez que a empresa é e sempre será uma entidade humana, ela é impulsionada pela energia unificadora da humanidade: o amor.

Esse é o milagre supremo. Amor, paixão, ternura, romance e dedicação a uma missão corporativa valiosa e digna de confiança constituem a chave para se atingir o nível mais alto do potencial humano e empresarial. São o único caminho para o sucesso permanente.

COMPROMISSO

Você nunca será feliz fazendo um trabalho ao qual não possa se dedicar de corpo e alma. A felicidade sempre tem seu preço — e aqueles que se recusam a pagá-lo passam sem ela.

O preço de uma carreira gratificante é nada menos que a coisa mais preciosa que você pode dar — o seu amor.

Almas sofredoras vêm tentando há séculos negar essa verdade suprema. Elas tentaram ao mesmo tempo proteger a si mesmas e procurar a própria satisfação, para descobrir apenas que essas duas ações anulam-se mutuamente. Uma pessoa não pode ser ao mesmo tempo vulnerável e forte. Acabamos nos tornando uma coisa ou outra, mas nunca ambas.

Você não pode proteger-se de uma empresa e ao mesmo tempo dar a ela o melhor de si. A proteção impede a generosidade, e a generosidade é a própria essência do ato criativo.

Compromisso é tenacidade. Se você quer que os empregados sejam dedicados, tenham persistência, façam hora extra, demonstrem mais sagacidade e empenho, aumente a capacidade operacional do

108 OS SETE MILAGRES DA ADMINISTRAÇÃO

sistema tecnológico, compromisso é o que você está buscando. Força poderosa, o comprometimento não é algo que se consiga de uma hora para outra; é um processo gradual que se manifesta com o passar do tempo e com a confiança.

O compromisso é um lugar seguro no qual as partes concordam em conviver juntas. Nesse lugar, elas concordam em baixar as defesas e em se unir. A partir daí elas lutam ombro a ombro contra os inimigos comuns, partilhando tanto a batalha como os espólios da vitória.

O compromisso é a base do relacionamento entre o empregado e a empresa. Ambos têm de concordar em unir forças e trabalhar em conjunto. Ambos têm de baixar a guarda e partilhar um com o outro para que possam avançar em direção a uma meta comum.

O compromisso é a essência de um trabalho saudável, produtivo e gratificante. Sem ela não existe nenhum relacionamento.

Tragicamente, os tempos atuais têm presenciado o rompimento do compromisso entre a empresa e os empregados. Ambos os lados têm negligenciado suas obrigações um com o outro e estão tentando, com uma mão, brigar com a concorrência e, com a outra, brigar com seus parceiros.

As organizações procuram crescer e progredir, embora, ao mesmo tempo, protejam-se contra os empregados que poderiam roubar seus segredos patenteados. Por sua vez, os empregados tentam aumentar os bens da empresa, dos quais se apoderariam caso lhes fosse dada uma oportunidade. Bilhões e bilhões de dólares são gastos anualmente pelas empresas, porque corporações e empregados tentam proteger-se uns contra os outros. Essa é uma fórmula para desperdiçar energia e para ter um desempenho medíocre.

A CRIAÇÃO DO COMPROMISSO

O administrador é quem zela pelo compromisso. É sua tarefa assegurar que a empresa cumpra seus compromissos com os empregados e que os empregados façam o mesmo com relação à empresa.

Para criar um compromisso, é preciso um administrador atento. Embora alguns compromissos empresariais estejam fora da alçada do administrador, muitos não estão. Para começar, o administrador tem de definir claramente o compromisso da empresa para com os empregados. Delineando de início e com todo o cuidado o relacionamento, os novos empregados estabelecem níveis de expectativa adequados, o que ajuda a evitar que se decepcionem futuramente e que esse compromisso seja quebrado.

O administrador que cria o milagre do compromisso vigia de perto a lealdade do empregado. Ao primeiro sinal de enfraquecimento, o administrador precisa intervir. O que aconteceu para abalar o relacionamento? A confiança e a dedicação podem ser restauradas?

Um grave erro para qualquer equipe administrativa é desdenhar ostensivamente o compromisso entre os empregados e a empresa. Às vezes, quando os administradores mais antigos são substituídos, os novos fazem exatamente isso. Acabam com a confiança dos empregados à medida que quebram os compromissos que herdaram dos administradores anteriores. O que eles descobrem, no entanto, é que não conseguirão fazer mudanças construtivas até que restabeleçam a confiança que tão rapidamente desdenharam. Os compromissos empresariais são importantes para os empregados, não importa de quem tenha sido a decisão de criá-los. A quebra de um compromisso cria um débito psicológico que deve ser liqüidado antes que novos compromissos possam ser assumidos.

110 OS SETE MILAGRES DA ADMINISTRAÇÃO

FIDELIDADE

O milagre da paixão não exige apenas compromisso, mas também fidelidade. Na paixão entre o empregado e a empresa está implícito que um tem de poder confiar no outro.

A fidelidade da empresa é muito mais importante do que a maioria dos administradores imaginam. Com muita freqüência, quando um empregado é admitido, independentemente de quanto seja qualificado, ele passa a ser menos valorizado do que alguém com as mesmas habilidades mas que esteja fora da empresa. Esse olhar utópico das empresas é atraído pelo que ela não tem e fica cego para o que ela tem. Quando projetos novos e empolgantes vêm à baila, consultores externos e empregados de concorrentes tornam-se irresistíveis, enquanto profissionais com a mesma capacidade mas que estão na folha de pagamento são ignorados. Quando a empresa esforça-se para conseguir pessoas que não pertencem ao seu quadro de funcionários, ignorando os profissionais dedicados e competentes que fazem parte dele, a paixão começa a se extinguir.

O mesmo ocorre quando novos profissionais são contratados com salários significativamente mais elevados dos que os que já são funcionários. É quase uma afronta quando os empregados percebem que a única maneira de aumentar seu salário é romper o compromisso que tem com a organização e procurar outro emprego.

À PROCURA DE UM EMPREGO

A fidelidade é uma rua de mão dupla. Os empregados não podem dar o melhor de si para a empresa e, ao mesmo tempo, procurar um novo emprego.

Quando um empregado "está com o currículo na praça", instintivamente se afasta da empresa na qual o seu futuro é incerto. A despeito dos conselhos de muitos consultores de carreira, o romance contínuo com caçadores de talentos e outros empregadores cria uma ruptura no relacionamento entre empregado e empresa. Se ela se prolonga por algum tempo, essa ruptura transforma-se numa séria desvantagem para a empresa, na medida em que um empregado menos dedicado continua a receber o mesmo salário e em troca produz menos. Mais uma vez, o papel do administrador é fundamental para manter a fidelidade. Ele tem obrigação de apontar para seus superiores as qualidades de seus subordinados mais competentes e compromissados, quando as oportunidades se apresentam. Além disso, ele precisa sempre levar em consideração os empregados que já tem antes de procurar no mercado novos profissionais. Tem o dever de incentivar os empregados quando descobre que estão em busca de outro emprego, seja transferindo-os para outro cargo ou levando-os a reassumir o compromisso com a empresa.

Compromisso e fidelidade são importantes componentes da paixão. Quando abalados, fazem com que a empresa enfraqueça de maneiras não prontamente visíveis, mas iminentemente perigosas.

O administrador, como uma pessoa encarregada de zelar pelos interesses da empresa, deve estar atento aos sinais de que o compromisso foi abalado e agir rapidamente para restaurar o relacionamento entre os empregados e a organização. Sem a interferência do administrador, os compromissos abalados jamais serão restabelecidos. Eles apenas aumentarão e ficarão ainda piores, tirando da empresa grande parte da energia necessária e, sim, o amor.

A CRIAÇÃO DO MILAGRE

Eis algumas sugestões para criar o milagre da paixão:

112 OS SETE MILAGRES DA ADMINISTRAÇÃO

◆ *Faça o possível para descobrir o que cada empregado ama em seu trabalho.* Relacione o nome dos empregados em uma coluna e em outra aquilo pelo que demonstram sentir mais paixão no trabalho. Você pode especificar isso para cada empregado? Existe algum empregado que não aparente sentir nenhum entusiasmo pelo trabalho? Se não houver nada pelo que ele demonstre entusiasmo, pergunte a si mesmo: "De que maneira isso pode ser mudado?" Ou: "Haverá outro cargo onde esse empregado possa demonstrar mais paixão?" Você não pode se dar ao luxo de não ter todos os empregados entusiasmados com o trabalho que fazem, do contrário eles estarão produzindo muito menos do que poderiam.

◆ *Observe o que você realmente ama em seu trabalho.* Faça uma relação. Agora, numa segunda coluna, relacione as coisas que você não ama em seu trabalho. Qual das colunas contém os itens mais importantes para você?

◆ *Numa reunião de grupo, peça aos empregados que relacionem todos os compromissos que eles acham que foram criados entre a empresa e eles próprios.* Quais deles foram quebrados? Quais deles foram "revistos" muitas vezes por terem perdido o sentido? Depois, pergunte aos empregados de que maneira eles acham que os compromissos podem ser mantidos por ambos os lados. Que compromissos jamais deveriam ser quebrados?

Afirmações

Hoje, concentrarei minha atenção naquilo que eu amo em meu trabalho.
Passarei o tempo fazendo o que eu gosto. Transcendendo minhas frustrações, revigorarei minha paixão.

Meus empregados são dádivas. Irei ajudá-los a fazer o máximo por si mesmos e pela empresa.

O amor é meu poder. Procurarei usar o meu poder em todo o seu potencial.

O Milagre da Estima

6

A LEI DA ESTIMA

*A Estima é Essencial
Para Fortalecer os Relacionamentos*

O ADMINISTRADOR DE SUCESSO TEM UMA GRANDE ESTIMA POR TODOS OS SEUS EMPREGADOS

Eles são o coroamento de sua realização. O administrador acredita neles, espera muito deles e sempre considera o interesse deles uma prioridade. Agindo assim, concede-lhes o dom do orgulho e da confiança que, por sua vez, fazem com que realizem mais do que eles achavam possível e mais do que ele esperava. Esse é o milagre da estima.

A estima não é arremedo; não é um reflexo narcisista nem uma cópia em papel carbono de alguém. É, muito simplesmente, a reverência à individualidade.

Estima é respeito e confiança no bom senso de um empregado e na sua capacidade de realizar uma tarefa com perfeição. É saber que o empregado fará um trabalho diferentemente de você mas, no final, produzirá o resultado que ambos desejam. A base da estima é a compreensão e a concordância com relação aos resultados.

O administrador de sucesso dá aos empregados a liberdade para explorar e aprender novos métodos de trabalho.

Enquanto ele sutilmente conduz os empregados, evitando as conhecidas armadilhas, nunca os obriga a aceitar o seu próprio modo de ver como o trabalho deles deve ser feito. O administrador sabe que o empregado só pode realizar o melhor que puder pondo em prática a sua habilidade intrínseca — a sua maneira pessoal de fazer o trabalho. Se os empregados trabalharem da mesma maneira, falharão da mesma maneira. Quando cada um trabalha de uma maneira,

116 OS SETE MILAGRES DA ADMINISTRAÇÃO

complementam mutuamente suas deficiências e produzem algo melhor do que poderiam ter produzido sozinhos.

A estima é um elemento essencial entre o administrador bemsucedido e o empregado. É o alicerce sobre o qual se desenvolve um relacionamento produtivo e confiável.

Onde não há estima, há dúvida e medo.

Infelizmente, existem muitos administradores que ainda não descobriram o milagre da estima. Em vez disso, tratam os empregados como se fossem incompetentes e não merecessem respeito. Esses administradores geralmente fiam-se no medo e nas ameaças para pressioná-los. Falam deles com desprezo pelas costas e são falsos quando estão cara a cara. Essas táticas só reduzem a confiança e a criatividade dos empregados.

ADMINISTRAÇÃO FEUDAL

Marjorie Kelly, editora da *Business Ethics*, observou no número comemorativo do décimo aniversário dessa revista que, em muitas empresas, existe uma evidente divisão de *status*. Ela escreve:

"Essa divisão está baseada numa idéia arcaica: os donos (ou seja, os acionistas) constituem uma classe superior cujos interesses estão acima de tudo, enquanto os trabalhadores pertencem a uma classe inferior que existe apenas para servir. Assim sendo, torna-se lícito, e até obrigatório, reduzir os salários pagos a um grupo, a fim de aumentar os rendimentos pagos a outro...
É uma premissa segundo a qual os acionistas são suseranos de uma empresa, enquanto os empregados são vassalos.

Isso é extremamente parecido com a estrutura feudal, que declarava ser a aristocracia a sociedade, e que todos os demais

O MILAGRE DA ESTIMA **117**

existiam apenas para servi-la. É igual à estrutura imperial que afirmava que a Índia existia para enriquecer a Grã-Bretanha. Ou à estrutura colonialista, que sustentava que os escravos existiam para enriquecer os seus donos."[31]

O que Kelly descreve é um sistema de administração no qual falta estima por aqueles que realizam o verdadeiro trabalho. Nesse sistema, administradores e acionistas consideram-se mais importantes do que os trabalhadores que empregam.

Jantei há pouco tempo com um amigo que obteve grande sucesso como gerente financeiro. Ao longo de sua carreira, que se estendia por mais de cinco décadas, ele ocupou um lugar na diretoria de muitas das 500 maiores empresas relacionadas pela revista *Fortune* e no conselho das universidades da Ivy League.

Enquanto falávamos informalmente a respeito da crescente disparidade entre os salários de muitas empresas, ele manifestou oralmente uma opinião tácita de muitos administradores: "Você não acha que a maioria dos empregados estão onde estão porque não são suficientemente competentes ou inteligentes para serem promovidos ou ganhar dinheiro bastante para comprar ações?"

Ele estava convencido de que os que estavam na parte mais baixa da cadeia alimentar empresarial ali se encontravam por causa de alguma deficiência pessoal. Ele deu voz a uma crença silenciosa que está presente nos escritórios dos principais executivos.

A falta de estima, essa presunção de administradores e acionistas, custa muito caro às empresas. Ela apenas amplia a sensação da "falta de compreensão". Cria um sistema de castas dentro da organização que leva ao conflito e à ineficiência e é completamente desnecessária e destrutiva.

Os estigmas de uma aristocracia empresarial são excessivos em algumas organizações.

118 OS SETE MILAGRES DA ADMINISTRAÇÃO

O tamanho do escritório de um administrador reflete a sua posição dentro da estrutura de poder. A qualidade dos móveis, se a sala tem janelas ou tapete, um carro da empresa, uma secretária, todas essas coisas são proporcionadas com a finalidade de mostrar o *status* de alguém, e não porque sejam necessárias. Elas são um lembrete permanente de que a pessoa é mais importante do que as que não têm essas comodidades.

Já trabalhei em muitas empresas nas quais funcionários quase inexperientes realizavam algumas das mais importantes tarefas da organização. Em geral, esses empregados são aqueles que tratam diretamente com clientes, fornecedores e com o público em geral. Suas ações e atitudes representam a empresa aos olhos dos que estão do lado de fora.

Uma loja de varejo pode comprar mercadorias da melhor qualidade, mas se o vendedor não for atencioso ou não mostrar a mercadoria de maneira adequada, as vendas caem. Empresas de alta tecnologia geralmente dependem de seus engenheiros recém-empregados para os últimos avanços em tecnologia que irão manter a companhia competitiva. Não importa a quantidade de análises de alto nível, de decisões, de videoconferências ou afastamento de executivos, nada disso resolverá o problema. Nessa cadeia de eventos, o empregado de "nível inferior" é o elo mais importante.

Em vez de conferir símbolos de *status*, a empresa que realmente valoriza o seu trabalho concede essas comodidades de acordo com a necessidade. O engenheiro habilidoso, responsável por muitas patentes, pode precisar de mais de uma secretária do que o vice-presidente, três níveis acima dele. O gerente de recursos humanos, que lida diariamente com assuntos altamente confidenciais, pode necessitar mais de um escritório reservado do que o diretor que lida principalmente com projetos administrativos. Em vez de elevar o *status*, essas empresas estão dando apoio àqueles que fazem o trabalho — que produzem renda —, que geram lucros e pagam os dividendos e os salários da diretoria.

O MILAGRE DA ESTIMA **119**

"CHUTES NO TRASEIRO" NUNCA MAIS

Em 1968, Frederick Herzberg publicou na *Harvard Business Review* um artigo intitulado "Mais uma vez: De que maneira você motiva os empregados?"[32] Trinta anos depois esse artigo continua a ser vendido em forma de separata, chegando a mais de um milhão de exemplares. Herzberg enfatiza, de maneira simples mas elaborada, uma questão que é tão relevante hoje em dia quanto na ocasião da publicação do artigo. As ações dos administradores que equivalem a um "chute no traseiro" não motivam os empregados. Por quê? Porque são humilhantes, geram ressentimento e acabam diminuindo o desempenho do empregado.

Herzberg observou que os "chutes no traseiro", a despeito das conseqüências negativas, são muito comuns entre os administradores norte-americanos. Numa atualização do artigo, feita em 1987, ele observa que "estamos perdendo terreno para o chute no traseiro". Uma mentalidade tirânica, preocupada exclusivamente com os resultados financeiros e que dá mais valor aos dividendos dos acionistas e aos salários da diretoria do que ao bem-estar dos trabalhadores está causando uma permanente elevação nas práticas do chute no traseiro. Produza o máximo ou será despedido. Atinja a sua meta e será promovido.

Há uma diferença fundamental entre o administrador que faz uso do chute no traseiro e o que prefere o caminho da estima. O primeiro é em essência um pedagogo — um professor exigente — que insiste em que os empregados tenham sucesso e passem no teste. Ele menospreza o empregado e avalia constantemente o progresso dele. Quando o empregado não corresponde ao esperado, é punido e, quando tem sucesso, recebe prêmios.

O administrador que pratica a estima trata o empregado como um igual e o apóia na sua busca por realização. Não há necessidade de o empregado "provar" seu valor, ele já é um membro valioso da equipe. Em vez disso, o administrador serve como um assistente, ou como

120 OS SETE MILAGRES DA ADMINISTRAÇÃO

treinador quando necessário. A atitude dele, desde o início, transmite confiança na capacidade do empregado e respeito por ela. O empregado não luta para demonstrar um desempenho razoável, mas procura fazer o melhor que pode. A estima de seu chefe o apóia nessa busca.

Em 1968, foi publicado um livro que é um marco no campo da educação intitulado *Pygmalion in the Classroom*. O título alude à peça de George Bernard Shaw, *Pigmalião*, na qual uma jovem vendedora de flores vinda dos subúrbios é transformada numa refinada dama simplesmente porque o seu professor de boas maneiras acredita nela. O livro conta a história de uma classe de alunos cuja professora fora informada (enganosamente) de que alguns de seus alunos haviam atingido um "ponto de inflexão" em seu desenvolvimento intelectual e que provavelmente fariam um grande progresso escolar no ano seguinte. Disseram à professora inclusive quais alunos estariam "adiantados". No início e no fim do ano escolar, todos os alunos foram submetidos a um teste de QI. O resultado? Embora os estudantes rotulados de "adiantados" tivessem sido, na realidade, selecionados aleatoriamente, todos eles apresentaram, no final do ano, uma melhora significativa no teste de QI. Essa melhora foi atribuída apenas à maior expectativa que a professora tinha com relação aos alunos "adiantados".

O estudo *Pygmalion* provocou um rebuliço entre os teóricos e, até 1992, mais de uma centena de estudos semelhantes haviam sido publicados; cada um deles chegou mais ou menos às mesmas descobertas. A expectativa do professor havia realmente contribuído para o sucesso dos alunos.

O mesmo ocorre nas empresas. As expectativas de um administrador podem provocar um impacto significativo no desempenho dos empregados. De maneiras nem sempre conscientes, o administrador dá apoio e encoraja o desempenho daqueles a quem respeita e de quem espera o melhor. Do mesmo modo, aqueles que dele recebem pouca estima são adversamente afetados.

ONDE COMEÇA

Relacionar todos os comportamentos dos administradores que ilustram a estima seria impossível. Isso porque a estima não é um comportamento ou um conjunto de comportamentos, é uma *atitude*. A estima origina-se de um sentimento de fé — uma crença permanente naqueles que trabalham para você. Todos os programas de capacitação e todas as atividades que visam a excelência dos empregados não funcionam a menos que você comece a ter fé nos seus empregados. Isso é estima.

Quando você confia na competência de seus empregados, pode renunciar ao controle desnecessário que se baseia no medo.

Para ter sucesso, você não precisa mais tomar todas as decisões. Você confia na capacidade de seus empregados para desempenhar suas tarefas da melhor maneira possível. Tendo providenciado os meios de executarem essas tarefas, você pode se afastar e observar o que acontece. O administrador que conhece o milagre da estima atua mais como um assistente para os empregados do que um capataz, um pai substituto ou qualquer outro dos modelos mal-sucedidos da administração tradicional.

WHOLE FOODS

Entre tantas coisas boas que podemos encontrar quando vivemos em Austin, Nova Orleans, São Francisco ou em qualquer dos muitos outros lugares dos Estados Unidos, está o pequeno supermercado Whole Foods. Em Nova Orleans, se a pessoa estiver caminhando do French Quarter para a Esplanade Avenue, é quase obrigada a entrar nesse mercado maravilhoso. Imprensado entre uma lanchonete de estilo boêmio e uma leiteria transformada num atraente restaurante, está

122 OS SETE MILAGRES DA ADMINISTRAÇÃO

localizado o mercado Whole Foods. Ali dentro você pode encontrar mercadorias em embalagens reluzentes, perfeitamente arrumadas nas prateleiras, biscoitos de dar água na boca, uma das melhores seleções de vinho que se pode encontrar, cosméticos e produtos de higiene que não são testados em animais, todas as ervas e condimentos conhecidos pelo homem, e o melhor de tudo — o cheiro de pão fresco que o acompanha por toda a loja. Todos, desde os caixas até os funcionários que arrumam as prateleiras, são bem-informados e estão sempre prontos a ajudar.

A Whole Foods é uma das maiores experiências do mundo no capitalismo democrático. E funciona maravilhosamente. A empresa é atualmente a maior varejista de alimentos naturais dos Estados Unidos. Quando este livro estava sendo escrito, ela possuía 41 lojas em dez Estados, uma receita de 500 milhões de dólares e um lucro líquido que são o dobro da média dessa atividade comercial. Para o ano 2000, a empresa planejou expandir-se para 100 lojas e uma receita de um milhão de dólares.

A cultura organizacional da Whole Foods está baseada no respeito e na estima por todos os empregados. Ela não apenas faz isso da boca para fora, mas leva esses valores muito a sério. Para começar, os salários dos executivos são limitados a oito vezes a média salarial paga aos funcionários. Todos os salários, inclusive as gratificações, são divulgados e acessíveis a todos os empregados, em cada loja. Na realidade, a empresa fornece aos funcionários muitas informações a respeito dos negócios — desde os salários e as vendas da loja até as margens de lucro — uma vez que a Diretoria de Vendas classifica todos os 6.500 empregados como "membros da equipe", cujo objetivo é a venda das mercadorias.

Um dos fundadores e presidente-executivo da empresa, John Mackey, explica essa atitude dessa maneira: "A Whole Foods é um sistema social. Não é uma hierarquia. Não temos uma porção de regras transmitidas da matriz em Austin. Temos uma série de contínuas auto-avaliações."

O MILAGRE DA ESTIMA **123**

A empresa demonstra sua estima pelos empregados permitindo-lhes, através de suas equipes, que dêem suas opiniões a respeito de quase todas as decisões que afetem a eles ou à loja em que trabalham. Por exemplo: quando novos empregados são contratados, todos os membros da equipe são chamados a votar, e é necessária uma maioria de dois terços antes de o candidato obter o emprego. Haverá, então, um período de experiência de 30 dias, ao final do qual a equipe poderá votar para que o empregado seja contratado em definitivo ou, se seu desempenho não se mostrar satisfatório, seja mandado embora.

A equipe tem boas razões para examinar cuidadosamente esses desempenhos: gratificações. O programa de "participação nos lucros" da Whole Foods está vinculado diretamente ao desempenho da equipe, utilizando as vendas por hora de trabalho como um padrão de medida. Conseqüentemente, um mau desempenho do novo empregado prejudicaria a todos da equipe.

Basicamente, a equipe e seus chefes tomam decisões a respeito da maneira como irão conduzir os negócios. Decidem os fatores cruciais tais como a distribuição do trabalho, o planejamento e até os preços. Os administradores da Whole Foods confiam que cada equipe fará o melhor possível para seus clientes e para a empresa.

O resultado final do conceito da equipe é que os administradores não se preocupam em fazer com que os empregados trabalhem ou sigam as normas. Cada membro da equipe é pessoalmente responsável por seu próprio desempenho. Ron Megahan, gerente de uma das lojas, diz: "Não sou eu que preciso pressionar. Isso cabe a todos os membros da equipe. E eles serão tão obstinados quanto puderem, porque no final (a decisão da contratação de um novo empregado) se refletirá em cada um deles."

Isso não quer dizer que as equipes não precisem prestar contas à administração. Um dos principais meios de prestação de contas, além da demonstração dos resultados financeiros, é a Excursão à Loja. Cada loja da empresa prepara-se com antecedência para receber a visita de um grupo de empregados de outra região. A excursão dura

124 OS SETE MILAGRES DA ADMINISTRAÇÃO

dois dias e é exaustiva, examinando-se tudo, desde as mercadorias, a disposição destas nas prateleiras e a limpeza da loja, até o desempenho da equipe.

Além da Excursão à Loja, dez vezes por ano cada loja recebe uma visita de surpresa feita por um executivo da matriz, que avalia a loja levando em conta 300 itens diferentes. Uma vez por mês, os resultados financeiros de todas as lojas são divulgados para conhecimento de toda a empresa, criando uma grande expectativa dentro da empresa de ser a melhor loja.

Informações importantes e decisões criteriosas a respeito dos negócios são confiadas a todos os funcionários da Whole Foods. A administração da empresa, em vez de impor decisões ou políticas restritivas, preocupa-se em oferecer a cada loja o que ela necessita para ser bem-sucedida. Essa é uma abordagem fundamentalmente diferente da administração tradicional; ela é baseada na confiança e na estima.

PERDA DA CONFIANÇA

E o que acontece quando um empregado abala a confiança que a empresa tem nele? Vejam este relato de Michael Powell, Presidente-Executivo da Powell's Bookstore, de Portland, Oregon, originalmente publicado na revista *Inc.*[33]

"Na Powell's Bookstore, a outorga de poderes e a participação nas decisões não são apenas palavras de efeito. Nós nos esforçamos para dar aos nossos empregados responsabilidade e autoridade em toda a empresa. Praticamos essa filosofia porque é uma boa política e porque queremos ser uma empresa que atua com base na confiança e no respeito. Infelizmente, tive de reexaminar esses princípios no ano passado, depois de ter descoberto que um empregado havia roubado mais de 60 mil dólares da empresa. Por causa disso, modificamos alguns dos nossos sistemas de segurança. Embora nada de importante tenha sido mudado.

O MILAGRE DA ESTIMA **125**

Desde que fundei minha empresa, há 25 anos, venho buscando criar um ambiente no qual os empregados tenham poder, sejam confiáveis, e, também, estejam autorizados a agir por sua própria conta. As livrarias maiores, por exemplo, têm um comprador que toma todas as decisões a respeito do estoque; na Powell's, cerca de 70% dos empregados têm o direito de dar opiniões. Dividimos com os empregados nossos lucros e perdas demonstrados em balanço e temos aproximadamente de 30 a 40 comitês de trabalho que examinam todos os aspectos de nossas operações, desde a implementação de uma política de propaganda de âmbito nacional até a integração da compra do estoque uma vez que a empresa abriu sete lojas. Todos eles podem atender telefonemas, responder os pedidos feitos eletronicamente e tentar solucionar problemas dos clientes. Desejamos que as pessoas que trabalham com os clientes tenham autoridade para tomar decisões.

Essa confiança foi seriamente abalada quando se descobriu que um empregado havia feito uma falcatrua. Enquanto fazia cópias de alguns documentos, numa tarde da última primavera, um dos funcionários descobriu uma forma suspeita de autorização de pagamento em dinheiro por livros usados. Todas as papeletas haviam sido assinadas por uma mesma pessoa. O funcionário alertou um gerente, que investigou o assunto e descobriu que alguém havia de fato aprovado uma grande quantidade de autorizações de pagamento em dinheiro. Bem, isso era possível, pois os empregados eram estimulados a desempenhar várias tarefas diferentes durante o dia. Alguém poderia emitir uma autorização de pagamento de uma grande quantia em dinheiro e depois ir trabalhar no caixa, fazendo o pagamento a si mesmo. Quando indagado sobre essa possibilidade, um dos empregados confessou. Na realidade, ele descreveu abertamente o modo como havia ludibriado a empresa. Durante os últimos dois anos, ele não apenas vinha roubando dinheiro, mas também tinha se aproveitado do fato de ser o responsável por fechar a loja todos os dias para também roubar livros. Chamamos a polícia, que transferiu o caso para o promotor de justiça do distrito, que resolveu abrir um processo.

126 OS SETE MILAGRES DA ADMINISTRAÇÃO

Bem, minha primeira reação foi um tipo de torpor e a não aceitação. Reagi procurando uma explicação de que aquilo não fora o que parecia ser. Mas as evidências do roubo eram esmagadoras. E, de uma maneira singular, quando admiti o que havia acontecido, senti raiva de mim mesmo — raiva por ter utilizado sistemas tão vulneráveis. Tive um impulso momentâneo de sair e fechar tudo — de começar a tratar cada um dos empregados como um ladrão em potencial. Uma palavra de advertência, amigos. Se vocês acham que um ladrão tem determinadas características e que podem identificar essas características pela aparência ou pelo comportamento, vocês estão errados. Em mil anos, eu não teria apanhado aquele sujeito. Ele era zeloso, parecia dedicado e estava nos roubando.

Foi doloroso entender que estávamos agindo de uma maneira tão ingênua. Nossos métodos estavam baseados mais na confiança do que na responsabilidade. Assim, fizemos algumas mudanças imediatas. O nosso departamento de contabilidade pôs em prática alguns mecanismos de defesa para impedir os tipos de oportunidades dos quais aquela pessoa tinha se aproveitado. Deixamos de designar uma pessoa para fechar as lojas. E formamos um comitê de segurança para mudar os métodos de administração do dinheiro e para melhorar os sistemas de toda a empresa.

O incidente foi um divisor de águas para mim e para a minha equipe. Abandonamos qualquer pensamento ingênuo que tivéssemos tido a respeito do crime. Compreendemos que um roubo não apenas poderia acontecer, ele iria acontecer. Ao mesmo tempo, lidar com o assunto nos forçou a rever nossos valores e filosofias administrativas. Acreditamos que as modernas demandas dos negócios exigem um quadro de funcionários capacitado e totalmente flexível, e sabemos que uma equipe como essa irá freqüentemente lidar com mercadorias valiosas e com dinheiro. Acreditamos também que a maioria das pessoas não iria abusar de nossa confiança se fossem colocadas em uma posição em que tivessem quantidade razoável de poder de reavaliação e de responsabilidade.

O MILAGRE DA ESTIMA **127**

Assim, tivemos de resistir à tentação de assumirmos imediatamente o controle sobre todas as coisas. Essa não era a resposta. A maneira de lidar com ladrões é contratar as pessoas certas e colocar em ação métodos melhores de manipular o dinheiro. E falar muitas vezes na empresa sobre o que acontece quando alguém rouba.

Será que acredito que mais cedo ou mais tarde alguém irá nos roubar? Absolutamente. Será que acredito, no entanto, que ter 300 pessoas tomando decisões independentes na empresa é mais proveitoso do que ficar tão preocupado com a possibilidade de roubo a ponto de reduzir a capacidade de tomar decisões de meus empregados? Absolutamente. Aqui há uma projeção custo-benefício: Você tem de minimizar o custo do roubo e maximizar a oportunidade de ter uma força de trabalho capacitada. Portanto, hoje em dia temos tolerância zero por roubo. Se as pessoas forem apanhadas roubando, serão punidas com rigor. Mas por outro lado, não fazemos com que as pessoas passem por um detector de metais ou se dispam quando saem do trabalho. Ainda acreditamos que, quando os empregados são tratados de uma maneira respeitosa e responsável, por si mesmos eles serão respeitosos e responsáveis.

Quando estava na sala do tribunal observando meu ex-empregado sendo levado para a cadeia, não me senti triunfante ou vingado. Queria estar com raiva dele, mas o que realmente sentia era tristeza — até uma estranha sensação de cumplicidade. Não sabia por que motivo aquela pessoa havia decidido prejudicar a nossa empresa e abusar da confiança que depositávamos em nossos funcionários. Ele não parecia estar zangado conosco nem ser um viciado em jogo ou em drogas. Qualquer um desses motivos teria, de uma maneira um tanto incorreta, ajudado a explicar melhor o que havia acontecido. Mas ele estava roubando apenas porque podia fazê-lo. Porque o dinheiro e os livros estavam à mão. E, assim, senti-me triste ao compreender que as motivações das pessoas eram tão complexas que um administrador ou proprietário jamais poderia entender todas elas. Você não pode ser responsável pelo que as pessoas fazem a você. Só pode ser responsável pela posição onde as colocou."

128 OS SETE MILAGRES DA ADMINISTRAÇÃO

A estima é o combustível que permite que os empregados progridam, sabendo que têm o apoio do qual necessitam.

É o impulso da confiança que os eleva do "bom o suficiente" para o melhor possível. A estima torna possível a realização do mais elevado potencial dos empregados.

A CRIAÇÃO DO MILAGRE

Eis algumas sugestões para a criação do milagre da estima:

◆ *Observe atentamente o seu estilo de administração.* Com que freqüência você orienta os empregados a desempenhar uma tarefa simplesmente porque essa é a maneira que você a desempenharia? É muito fácil para um administrador habituar-se a impor o seu "estilo" aos empregados, principalmente quando a pressão pelo sucesso é elevada. Você pode operar o milagre da estima respeitando o estilo próprio de cada empregado para desempenhar uma tarefa. Uma vez que eles são de confiança e estão atingindo os objetivos, por que não lhes conceder a liberdade para trabalhar à maneira deles? Isso é a estima em ação.

Por exemplo, conheci certa vez um administrador que revisava cada memorando, carta ou relatório escrito por seus assistentes. Inevitavelmente, ele fazia algumas correções na forma ou no conteúdo do texto para torná-lo mais próximo do seu próprio estilo de comunicação. Embora não tivesse muito talento para a redação desse tipo de correspondência, ele sempre sentia a necessidade de impor suas idéias nas comunicações escritas da equipe. Os assistentes, por sua vez, sentiam-se muito ofendidos. Ele ganharia muito mais respeito se deixasse que eles se comunicassem de sua própria maneira.

◆ *Jamais fale mal de um empregado, não importa o quanto você possa estar decepcionado ou com raiva.* Embora haja ocasiões em que lhe faria um enorme bem "malhar" um empregado pelas costas, esforce-se para resistir à tentação. Palavras iradas ditas confidencialmente quase sempre vão parar nos ouvidos da pessoa de quem estão falando. Essas palavras irão continuar a expressar seu desrespeito não apenas por aquele empregado, mas por todos os demais que as ouvirem.

Do mesmo modo, nunca permita que um empregado repreenda outro funcionário ou zombe dele em sua presença. O fato de você estar presente quando tais coisas são ditas implica a sua aprovação. Ao desencorajar esses comentários, você ganhará o respeito de todos os empregados, que passarão a apreciar a sua integridade.

Afirmações

Tenho respeito e estima por todos os meus empregados. Todos têm algo a dar. Descobrirei o que há de melhor em cada um deles.

Sou contra punições. Orientarei e ensinarei o empregado que cometer um engano.

Meus relacionamentos profissionais são a parte mais importante de minhas atividades. Respeitarei e cultivarei cada relacionamento.

7

O Milagre da Transcendência do Passado

A LEI DA
TRANSCENDÊNCIA DO PASSADO

*O Passado Tem Apenas o Poder
Que Lhe É Concedido*

Não deixe jamais que o dia de ontem ocupe a maior parte do dia de hoje.

WILL ROGERS[34]

A LEMBRANÇA É O EU ESSENCIAL

Ela é a nossa identidade. É por meio dela que conhecemos a nós mesmos. Sem a lembrança, o eu deixa de existir e a vida tem pouco sentido. O passado *relembrado* define o que somos no presente e praticamente determina nosso futuro. Ele é a fonte do nosso individualismo. Tem enorme influência sobre a nossa vida. Quando os administradores lançam mão do poder da lembrança, milagres acontecem.

Há alguns anos, eu morei em Nova Orleans, Louisiana. Situada nas proximidades da foz do caudaloso rio Mississippi, Nova Orleans está encravada sobre um pântano, ao longo de uma margem em declive do rio. A maior parte da cidade fica abaixo do nível do mar e permanece seca graças a uma complexa rede de canais e comportas que detêm o avanço constante da água da baía.

Logo após os limites da cidade, existem vários parques belíssimos onde as pessoas fazem caminhadas e canoagem através dos pântanos. Um dos meus locais favoritos é um pântano onde foram construídas passarelas de madeira de alguns quilômetros, que acompanham diversos afluentes do rio. Os animais selvagens e a folhagem são abundantes ao longo desse caminho, que permite ao visitante percorrer as escuras e ricas profundezas dessa beleza natural.

Tomei conhecimento por intermédio de alguém, sem dúvida para horror dos guardas-florestais do parque, que os crocodilos gostam de

134 OS SETE MILAGRES DA ADMINISTRAÇÃO

marshmallows. Exatamente — *marshmallows* brancos e macios. Tudo o que eu tinha de fazer era atirar um daqueles *marshmallows* dentro do pântano, sentar-me e esperar. Em questão de minutos, um par de olhos vinha à tona e silenciosamente deslizava através da água em direção à branca e deliciosa guloseima que flutuava. De uma maneira quase mágica, dois olhos transformavam-se em quatro e os quatro olhos transformavam-se em seis, depois em oito. Eu observava os arbustos que cresciam na margem da água enquanto, invariavelmente, os crocodilos saíam das sombras e chapinhavam em direção ao *marshmallow*. Logo, quase sem chamar a atenção, um dos ferozes répteis dava um bote e apanhava o *marshmallow*, com uma rápida e poderosa abocanhada.

O que era estranho (e realmente preocupante) era o fato de aqueles crocodilos terem estado me observando silenciosamente o tempo todo. Não havia dúvida, eles e muitos outros haviam me observado enquanto eu caminhava por mais ou menos um quilômetro e meio ao lado do pântano. Seus olhos penetrantes e olfato apurado haviam sentido a presença de carne e sangue e tinham ficado à espreita, como ficariam diante de qualquer outra presa. O tempo todo eu estivera inconsciente da sua faminta vigília. E até que eu atirasse o *marshmallow* na água, eles haviam permanecido em seus esconderijos entre os arbustos e ciprestes das margens, sem revelar sua presença.

Esses crocodilos assemelham-se às nossas lembranças. Mesmo quando pensamos que estamos sozinhos e totalmente despreocupados, poderosas lembranças nadam logo abaixo das turvas águas de nossa consciência. Exatamente por trás dos arbustos que crescem nas paisagens da nossa vida estão muitos olhos insuspeitos que nos observam e, se deixarmos, nos controlam.

Na maioria das vezes, não temos consciência das lembranças que influenciam a nossa visão do presente.

O que gostamos de comer, as pessoas que escolhemos como amigos ou a quem dedicamos nosso amor, como nos sentimos com rela-

O MILAGRE DA TRANSCENDÊNCIA DO PASSADO **135**

ção ao que nos acontece e como reagimos às circunstâncias, tudo isso é influenciado pela lembrança de nossas experiências passadas.

Às vezes, nossas lembranças do passado nos impedem de criar um futuro melhor. Tornamo-nos prisioneiros daquilo que conhecemos. Quando nos recusamos a reexaminar o passado, hesitamos em fazer mudanças e nos apegamos aos antigos e familiares modos de ser que tanto nos foram úteis. Em resumo, estagnamos.

O passado sempre permanece conosco. Não podemos intencionalmente esquecer o passado. Não existe um apagador mental que nos libere dos eventos que vivem em nossa mente. Podemos, no entanto, aprender novas maneiras de pensar a respeito desses eventos do passado. Combinando nossas lembranças com dados novos, podemos ver os eventos do passado sob um novo prisma. As lembranças permanecem as mesmas, mas nossas reações mudam à medida que aprendemos e crescemos.

A lembrança é uma força muito poderosa em nossa vida. Para quem quer que deseje tirar proveito desse poder, a lembrança tem dois aspectos críticos:

1. O comportamento atual e futuro é extremamente influenciado pelas lembranças do passado.
2. As lembranças, embora duradouras, podem ser reinterpretadas com novas informações.

A INFLUÊNCIA DO PASSADO NO PRESENTE

Atribuímos às lembranças um extraordinário poder sobre a nossa vida. Sim, atribuímos a elas o seu poder. Eventos passados não podem influenciar o presente e nos controlar, a menos que deixemos que eles façam isso. Da mesma forma que aqueles crocodilos que deslizam sob águas turvas, elas são inofensivas, a menos que nos coloquemos num lugar vulnerável, de onde elas possam nos controlar.

Consideremos o antigo mito grego de Psiquê e Eros:

136 OS SETE MILAGRES DA ADMINISTRAÇÃO

Era uma vez uma bela jovem. Na verdade, ela era a mulher mais bonita do mundo. Embora as outras moças da sua idade já fossem casadas e tivessem filhos, ela não casara. Parecia que a sua radiante beleza a tornara perfeita demais para um simples mortal. Seu nome era Psiquê.

Os pais de Psiquê, preocupados com a situação de sua bela filha, consultaram o grande oráculo em Delfos. A resposta do oráculo foi ainda mais preocupante: Psiquê deveria morrer. Ela deveria vestir trajes apropriados para um funeral e ser levada para as montanhas, num lugar remoto do reino. Ali seria deixada para morrer.

Assim, os pais obedeceram ao grande oráculo e deixaram Psiquê nas montanhas frias e açoitadas pelos ventos. Ao vê-la atordoada de tanto medo, Eros, o deus do amor, veio em seu socorro. Quando os seus olhos fitaram aquele rosto perfeito, Eros apaixonou-se perdidamente por ela. Com a ajuda de seu amigo, o Vento Oeste, ele a levou para seu palácio oculto.

Quando despertou, Psiquê encontrava-se no mais suntuoso palácio que jamais tinha visto. Ela tinha tudo o que desejava; fosse comida, bebida, roupas deslumbrantes, banhos perfumados. Quando veio a noite e as sombras caíram, Eros chegou e dormiu com ela. Noite após noite, ele assim o fez. Psiquê não podia querer mais. Ela era extremamente feliz.

Com o passar do tempo, no entanto, Psiquê desejou ver o seu amado. Qual a aparência dele? Seria talvez um monstro, tão horrendo que só podia aparecer sob o véu da escuridão? Sua curiosidade e suspeita a respeito de Eros cresceu até ocupar todos os seus pensamentos. Ela prometeu a si mesma descobrir a verdade.

Tarde da noite, depois de Eros ter adormecido, ela levantou-se com todo o cuidado e achou uma vela. Acendeu a vela e caminhou na ponta dos pés até a cama onde ele dormia. Levantando a vela acima da cama, ela olhou fixamente para seu amado. Ali estava adormecido o mais belo dos deuses! Psiquê ficou tão excitada que fez um movimento brusco com a vela, fazendo com que um pingo de cera caísse sobre Eros. Ele acordou e, vendo que Psiquê havia infringido as normas, desapareceu.

Psiquê, então, começou a andar pelo maravilhoso castelo à procura de seu amado. Sua tristeza era imensa e ela ganhou a simpatia da mãe de Eros, a grande deusa Afrodite. Afrodite disse a Psiquê que ela não era forte o suficiente para fazer o necessário para trazer Eros de volta. Psiquê prometeu que faria qualquer coisa.

— Muito bem — disse Afrodite. — Você deve completar as quatro tarefas.

Então Afrodite descreveu cada uma das tarefas. Primeiro, Psiquê deveria separar as sementes que enchiam um cômodo — colocando cada tipo de semente numa pilha separada. Essa tarefa deveria ser concluída numa única noite. Segundo, Psiquê deveria ir ao campo onde o velocino de ouro era guardado pelos carneiros que exalavam fogo pelas narinas e trazer de volta um pouco da lã do velocino. Sabia-se que os carneiros matavam quem quer que tentasse passar por eles. Terceiro, Psiquê deveria ir buscar uma taça da água do rio Estige, que corre através dos céus e penetra no inferno. Finalmente, Psiquê deveria descer ao inferno e pedir a Perséfone uma caixa do ungüento mágico que tornava qualquer pessoa eternamente bela.

Psiquê ficou apavorada. Preocupada com a dificuldade das tarefas, ela abriu a porta do cômodo onde estavam as sementes. As pilhas de semente chegavam quase até o teto. Ela se curvou e começou a separar as sementes. Grandes, pequenas, marrons, pretas, havia uma infinidade delas! A enormidade da tarefa a venceu e ela, cansada e em prantos, adormeceu ao lado da pilha de sementes.

Pela manhã, ela despertou e descobriu que uma enorme quantidade de formigas acorrera em seu socorro e separara todas as sementes. Pulando de alegria, Psiquê deu início à segunda tarefa. No momento em que se aproximava do campo dos carneiros que exalavam fogo, os juncos que cresciam ao lado do rio sussurraram para ela o segredo para chegar ao velocino de ouro. Ela deveria esperar até a noite e, quando os carneiros estivessem descansando, mover-se len-

138 OS SETE MILAGRES DA ADMINISTRAÇÃO

tamente e arrancar um pedaço da cobiçada lã. Fez o que os juncos disseram e conseguiu um punhado da lã de ouro.

Como nas duas tarefas anteriores, a natureza ajudou Psiquê na terceira tarefa. Uma grande águia arremeteu em direção à moça, tomou a taça das suas mãos e voltou com ela cheia da água do rio Estige.

Por fim, Psiquê deparou-se com a quarta e mais difícil tarefa: descer ao inferno. No momento em que estava a ponto de desistir, uma torre próxima a ela começou a falar. A torre disse-lhe que trouxesse moedas para pagar sua passagem através do Estige e para levar biscoitos para acalmar os animais que guardavam o inferno. Ela agiu como a torre a instruíra e conseguiu obter o ungüento mágico.

Exausta mas exultante, ela tomou o caminho de volta para Afrodite. Enquanto caminhava, sentiu-se tentada a abrir a caixa do ungüento. Por que somente Afrodite poderia desfrutar o maravilhoso conteúdo? A tentação a dominou e ela abriu a caixa. A magia da poção era demasiadamente poderosa para um simples mortal e Psiquê desmaiou sob o seu poder. Assim que ela caiu, Eros apareceu para salvá-la, levando o seu corpo inerte para o Monte Olimpo, onde Psiquê tornou-se imortal.

Esse é o momento de decisão para Psiquê. Que poder ela dará a suas lembranças? Ela lembrará com horror a sensação de súbito desamparo, quando Eros desapareceu inesperadamente de sua cama? Ou irá questionar para sempre o compromisso do relacionamento entre eles? Ou irá lembrar com carinho a luta que finalmente trouxe de volta para si a coisa mais importante de sua vida? Como irá se sentir a respeito da sua sogra, a grande Afrodite, que formulou as quatro tarefas? Irá sentir-se traída por Afrodite, que a enviou para uma aventura impossível? Ou irá ganhar a confiança pelo fato de a natureza ter sempre proporcionado uma solução para ela exatamente quando dela necessitava e permitiu-lhe reconciliar-se com Eros?

O mito de Psiquê e Eros dá ênfase ao papel da memória no controle da nossa vida. Sem levar em conta o evento passado, o que conta é nossa *interpretação* desse evento. Iremos encarar esse evento de uma maneira que nos permita ter sucesso no presente? Ou iremos

O MILAGRE DA TRANSCENDÊNCIA DO PASSADO **139**

encará-lo de uma maneira que nos cause empecilho e angústia? Podemos atribuir às nossas lembranças um poder que nos ajude ou nos estorve. Quando vieram à tona, Psiquê optou por lidar com as lembranças de modo positivo e os dois viveram felizes para sempre. Da mesma maneira, os empregados são influenciados pelo modo como preferem lembrar o passado. Seja como for, os empregados trazem consigo reminiscências de todos os empregos que já tiveram, cada experiência com um supervisor, cada novo objetivo de uma empresa; em resumo, tudo que aconteceu a eles no trabalho. Todo empregado tem um envolvimento com o passado, um envolvimento que se torna cada vez maior a cada dia que passa. É um envolvimento que tem grande influência sobre o seu desempenho atual, dependendo de como ele interpreta o passado em relação ao presente. Vejamos este exemplo da vida real.

CAMELOT, INC.

Trabalhei, certa vez, para uma próspera empresa familiar que havia crescido muito durante quarenta anos antes de ser vendida para um sólido conglomerado. A despeito do crescimento, essa companhia continuava a ser dirigida como se fosse uma pequena empresa familiar. As pessoas trabalhavam com afinco e todos os empregados eram considerados como sendo da família.

Depois da venda, os novos dirigentes anunciaram mudanças radicais. Os novos administradores não levaram muito em consideração a maneira como as coisas tinham sido feitas. Aos olhos deles, tratava-se de um novo dia e todos deveriam se adaptar ao novo modo de agir. Para os empregados, os novos administradores pareciam desdenhar os antigos métodos.

Os empregados dessa empresa eram muito competentes e dedicados, mas tinham uma coisa que a nova administração não havia levado em consideração: eles apreciavam a maneira como as coisas costu-

140 OS SETE MILAGRES DA ADMINISTRAÇÃO

mavam ser. Tinham um investimento emocional no passado que haviam construído com muito trabalho e suor. O passado fora carinhosamente rotulado de "Camelot" e eles se lembravam dele com grande afeição. Os novos administradores tentaram forçar a mudança sem sucesso. Quanto mais eles pressionavam, mais a empresa parecia não ir para a frente, como uma mula teimosa. O passado — o passado dos empregados — fora ultrajado. E a tal ponto que os novos métodos não deram resultado, uma vez que, pondo-os em prática, o passado parecia invalidado. Pôr em prática o novo método de comercialização parecia significar que o antigo método estava errado, e isso era algo que nenhum membro da velha guarda queria admitir. Além disso, os velhos métodos tinham obtido sucesso durante mais de quarenta anos, por que mudá-los agora? No final das contas, dois dos principais executivos e vários vice-presidentes acabaram falhando ao tentar forçar a mudança em uma empresa que se apegava tenazmente ao passado.

Esses administradores poderiam ter realizado grandes mudanças se tivessem apenas respeitado a força do passado. Se tivessem se apressado a aprender a respeito do passado e o usado como fundamento, poderiam ter introduzido mudanças lentamente para complementar e aprimorar os métodos anteriores. Os empregados, por sua vez, teriam tido tempo para se acostumar e aceitar as mudanças, em vez de resistirem a elas.

Em vez disso, os novos administradores tentaram ignorar o passado. Impacientes e ambiciosos, desdenharam o que acontecera anteriormente e proclamaram um novo dia, "contrário ao velho e a favor do novo". Eles advertiram os empregados para esquecer o passado. Com novos esquemas de organização e planificação do trabalho, eles colocaram a empresa em estado de submissão, reposicionaram os encarregados das tarefas e tentaram dar partida "a todo vapor".

Como aconteceu a essa empresa, as mudanças radicais e a descontinuidade são, na maioria das vezes, desastrosas. Para começar, o passado foi invalidado e descartado. Quando o passado é denegrido

O MILAGRE DA TRANSCENDÊNCIA DO PASSADO **141**

dessa maneira, todos os empregados partilham essa humilhação — uma emoção que destrói a força e a criatividade pessoais.

Qualquer que seja o resultado da proclamação de um novo dia e da tentativa de esquecer o passado irá modificar a lembrança do ontem. Se o passado lembrado com afeto for execrado, ele ressurgirá novamente e irá se voltar contra os seus antagonistas.

Somente com um estímulo suave e ajuda contínua, os empregados irão modificar sua interpretação do passado.

O poder da lembrança atua sobre tudo e nenhum administrador pode dar-se ao luxo de ignorá-lo. Os empregados se modificam por cada emprego que exercem; sentem-se fortalecidos a cada vitória. Cada sucesso e fracasso abre caminho rumo à consciência, delineando as ações no presente e moldando as expectativas para o futuro.

REESTRUTURAÇÃO

Para usar o poder da lembrança de maneira útil e eficiente, o administrador precisa ajudar constantemente os empregados a entender e a *transcender* o passado; usar o passado como uma escada virtual para fazê-los atingir um plano mais elevado do que aquele em que se encontravam.

Construindo sobre os fundamentos do passado, o administrador pode obter a oportunidade de que precisa para introduzir novos objetivos. Ele guia suavemente as forças do passado na direção das metas do futuro. Esse tipo de mudança é gradual e cuidadosa, mas no fim é bem-sucedida.

Embora não sejamos capazes de apagar as lembranças, podemos aprender a pensar nelas de uma maneira diferente. Combinando nossas lembranças com novas informações, podemos redirecionar o poder da lembrança. Esse é o processo de *reestruturação*.

142 OS SETE MILAGRES DA ADMINISTRAÇÃO

A reestruturação aproveita o que aconteceu no passado e o utiliza para estimular e fortalecer o presente. Lembranças que outrora provocaram grande sofrimento podem ser reinterpretadas no presente para induzir a emoções muito menos traumáticas (isso, em essência, constitui o trabalho de cada terapeuta). Por exemplo: a lembrança desagradável e dolorosa de haver repetido um ano do primeiro grau pode ser reinterpretada, na idade adulta, como uma experiência positiva. A compreensão de que o "fracasso" provavelmente absteve a pessoa de um futuro de relativa imaturidade o transforma em algo positivo. É o mesmo acontecimento, apenas reinterpretado à luz de novas informações.

Reestruturar é um dos grandes segredos da transformação empresarial. Administradores que conseguem transformar uma empresa com sucesso fazem isso avaliando com cuidado o que já existe e, quando possível, aproveitam o que há de valioso no passado. O tipo de reorganização respeitosa representa muito até para o mais obstinado dos empregados. Isso gera confiança e entusiasmo pela mudança.

A EXPLOSÃO DE UMA BOMBA

Um dos mais marcantes exemplos de um administrador que operou o milagre de transcender o passado tem sua origem na explosão de uma bomba no Murrah Federal Building, na cidade de Oklahoma. No dia 19 de abril de 1995, Florence Rogers, presidente-executiva da Cooperativa de Crédito dos Funcionários Federais (FECU), convocou sete dos principais administradores ao seu escritório. Ao voltar seu rosto para o grupo, uma enorme explosão destruiu a sala. Rogers foi atirada de encontro a uma parede distante. O solo do seu escritório no terceiro andar desmoronou. Todos, menos Rogers, mergulharam para a morte.

Equilibrando-se numa precária saliência de mais ou menos 30 centímetros, Rogers gritou por socorro. Dois membros da equipe de resgate levaram-na para um lugar seguro. A maioria de sua equipe de

O MILAGRE DA TRANSCENDÊNCIA DO PASSADO **143**

assistentes não teve a mesma sorte. Ao todo, ela perdeu 8 de seus 32 funcionários, no ato terrorista mais torpe da recente história norte-americana.

Raymond Stroud, auditor da FECU, havia saído para uma reunião em Tampa, Flórida, e tomou conhecimento do que acontecera minutos após a explosão. Deixou a sala de reuniões e foi para o seu quarto de hotel onde ligou a TV na CNN.

— Quando vi aquelas imagens do edifício do governo, soube de imediato que ninguém havia sobrevivido — lembra ele.

Stroud telefonou imediatamente para seu agente de viagens e dentro de duas horas estava em um avião de volta à cidade de Oklahoma. No vôo de regresso, ele ocupou-se examinando listas de prioridades, para planejar a recuperação do desastre ocorrido com a cooperativa de crédito, e desenhando mapas do centro da cidade para muitos repórteres que também estavam no avião. Sem saber que Rogers havia sobrevivido, ele não tinha certeza do que iria encontrar quando aterrissasse. Sabia apenas que era o único vice-presidente que sobrevivera.

Nas 48 horas após a tragédia, tanto Rogers quando Stroud enfrentaram os maiores desafios de suas carreiras. Não apenas tinham de reorganizar as peças de um escritório despedaçado, tinham de voltar ao trabalho para conceder crédito aos sócios da cooperativa, muitos dos quais haviam perdido vários membros da família e necessitavam de dinheiro para as despesas com médicos e funerais. Além disso, tinham de fazer tudo isso com menos da metade da equipe, todos eles bastante abalados e muitos feridos fisicamente.

O trabalho era massacrante. Eles tinham de mudar os escritórios, contratar novos empregados e atualizar os processos operacionais que haviam sido destruídos. Nas semanas que se seguiram, os diretores que sobreviveram trabalharam durante 80 horas por semana. Embora existisse um minucioso plano de recuperação de calamidades, ele tinha um defeito: o plano previa que a maioria, se não todos os funcionários, voltaria a trabalhar após o acidente. Quem poderia ter imagi-

144 OS SETE MILAGRES DA ADMINISTRAÇÃO

nado que um acidente poderia eliminar não apenas os equipamentos, mas também a maioria dos funcionários?

Uma das coisas mais importantes para Rogers e Stroud — o sistema telefônico que permitia aos sócios verificar as suas contas — foi reparada e estava funcionando em menos de 24 horas após a explosão da bomba. Em menos de 48 horas, os serviços de caixa foram restaurados e conseguiu-se um local temporário para a cooperativa de crédito. Dentro de uma semana, o quadro de funcionários da cooperativa estava totalmente preenchido com os empregados que sobreviveram à bomba, novos empregados e voluntários de outras cooperativas de crédito. No final do ano, quase todos os processos de operações haviam sido restabelecidos com sucesso.

A equipe, no entanto, ainda estava aturdida pelo choque de tudo aquilo. Alguns caixas de repente irrompiam em lágrimas ao ver um nome em um cheque ou um cliente que trazia de volta lembranças de companheiros de trabalho que haviam morrido. Acessos de raiva não eram incomuns e muitos dos sobreviventes deixaram o emprego, incapazes de lidar com o *stress* provocado por tudo aquilo.

Para aumentar o problema, alguns dos funcionários que sobreviveram foram promovidos para cargos que tinham sido abertos pela morte de superiores. Não apenas era difícil para eles aceitar essas promoções como também hesitavam em fazer qualquer mudança, temendo desrespeitar a lembrança do funcionário morto.

Amy Petty foi promovida para o cargo de chefia do departamento de cartões de crédito. Petty descreve o tormento que sentiu com o sentimento de que não deveria se beneficiar da horrível explosão que matara sua chefe, Vicki. Parecia-lhe que aceitar a promoção era o mesmo que receber "dinheiro manchado de sangue" na sombra da morte de Vicki. Além disso, ela lembra como era difícil modificar qualquer um dos procedimentos que Vicki havia adotado. Mudar de cargo, mesmo que isso representasse uma melhoria de salário, parecia uma ofensa à memória de Vicki.

O *stress* criado pela tragédia colocou enorme tensão nos relacionamentos de trabalho. Stroud descreve isso da seguinte maneira:

O MILAGRE DA TRANSCENDÊNCIA DO PASSADO **145**

— Depois da bomba, os bons relacionamentos tornaram-se melhores, e os relacionamentos difíceis ficaram ainda mais difíceis. Se, antes da bomba, uma pessoa estivera trabalhando de maneira satisfatória com alguém, depois do atentado esse relacionamento tendia a se tornar melhor. Se antes houvera conflitos, eles aumentaram posteriormente.

Stroud enumera duas coisas que a administração da cooperativa de crédito fez que ajudaram os empregados a lidar com o que havia acontecido. A primeira foi uma política que permitia aos sobreviventes a liberdade de dispor de tempo para se recuperarem e falarem abertamente a respeito da situação. — Dissemos a eles — contou Stroud — que não tivessem pressa. Se você não se sentir bem em determinado dia, pode sair. Vá para casa, não lhe faremos qualquer pergunta. Faça o que precisar para se sentir melhor.

Os administradores ajudaram a aliviar a pressão identificando quem poderia assumir as funções dos empregados ausentes.

Stroud, um jovem com 30 e poucos anos, não parecia o tipo de pessoa que se deixava levar pelas emoções, embora admitisse que tinha seus momentos.

— Havia ocasiões nas quais as lágrimas vinham-me aos olhos e eu também precisava de conforto.

O que o ajudou a transcender as lembranças penosas foram os conselheiros que a Associação Nacional das Cooperativas de Crédito providenciou para os funcionários. — Aqueles conselheiros foram uma das melhores coisas que aconteceram para nós, principalmente para mim — contou Stroud.

Stroud também reformulou o passado, falando a respeito da "*nova normalidade*".

— Os sócios poderiam chegar e perguntar "quando as coisas voltarão ao normal?" — ele relembra — e eu responderia "jamais teremos a antiga normalidade, temos agora uma nova normalidade".

A idéia de uma nova normalidade começou a pegar em toda a cooperativa de crédito. O passado desaparecera. Amigos e colegas de trabalho foram perdidos. Agora, os sobreviventes estavam criando

146 OS SETE MILAGRES DA ADMINISTRAÇÃO

uma *nova* normalidade, que não invalidava a que existia anteriormente.

A nova normalidade tornou-se muito real para os sobreviventes. Stroud fala afetuosamente de uma contadora, Jill, que trabalhava para ele e morrera no atentado:

— Ela era realmente uma pessoa maravilhosa — relembra ele, sem deixar de dizer imediatamente que a nova contadora não é menos que Jill, é apenas uma outra pessoa. — E, antes de tudo, tenho de me lembrar disso freqüentemente.

A nova normalidade respeitava o passado. No ano seguinte à explosão, ninguém hesitava em falar abertamente dos empregados mortos, citando-os pelos nomes. Apesar da irresistível tentação de esquecer as dolorosas lembranças, os administradores encaravam abertamente seus sentimentos e o de seus funcionários. As reuniões com a equipe, nas semanas que se seguiram à explosão, começavam com um relatório detalhado a respeito das condições dos empregados ausentes e a programação dos funerais. A cada dia mais corpos eram encontrados e a lista daqueles cuja ausência ainda não fora explicada finalmente chegou ao fim.

Rogers, uma funcionária antiga da cooperativa de crédito que havia fomentado o crescimento da organização a partir de um escasso milhão de dólares, tinha contratado pessoalmente a maioria dos empregados que ali trabalhavam. Sua influência era tanta na cooperativa de crédito que os empregados, afetuosamente, referiam-se a ela como "o Velho Ganso Líder". Rogers fez muitas coisas tanto para respeitar o passado como, ao mesmo tempo, para criar a nova normalidade. Entre as mais comoventes, encontra-se este memorando que ela escreveu e enviou aos empregados sobreviventes e aos sócios. Aqui está um excerto:

"Memorando do Velho Ganso Líder para minhas queridas e adoráveis companheiras:

Sinceramente não compreendo por que muitas de vocês tiveram de abandonar nossa formação ao mesmo tempo. Vai ser difícil nos dias e semanas pela frente manter nossa pequena revoada remanescente no rumo certo, enquanto voamos para o nosso destino. Algumas de nossas aves foram feridas e não poderão se juntar à nossa migração por algum tempo. Novas aves irão ocupar os seus lugares para que possamos continuar. Os que alçarem vôo conosco serão cuidadosamente selecionados para garantir uma viagem segura e bem-sucedida e para que vocês se orgulhem pelo fato de que o seu legado irá sobreviver.

Hoje, posso visualizar perfeitamente todas vocês, encantadoras garotas, agora em sua nova localização no céu. Sua dedicação e seu entusiasmo continuam com vocês e provavelmente estão inaugurando a 'cooperativa de crédito celestial', na qual o quadro de sócios está aberto para todos...

Sonja, você irá preparar as sessões de treinamento para que todos possam aprender quais serão as suas funções e seus respectivos cargos.

Frankie, Christy e Tresia, continuem sorrindo, como quando estavam aqui na Terra, inspirando confiança e dando aquele toque pessoal que fazia com que todos se sentissem muito especiais...

Kathy, Leinen e Claudine, a única cobrança que vocês vão precisar fazer será a de novas amizades e a única assessoria será para os recém-chegados...

Vicki, você não vai mais se preocupar com os cartões de crédito, em vez disso poderá emitir passes para as ruas que são pavimentadas com ouro...

Todas vocês devem estar muito orgulhosas por saber quantas pessoas as amavam e quantos amigos da cooperativa de crédito vieram nos ajudar para garantir a nossa recuperação... eles vieram de todas as partes para ajudar e se empenharam incansavelmente, agindo dessa forma para honrar todas vocês. Vocês devem estar muito orgulhosas...

Sei que vocês estão procurando urgentemente uma maneira de enviar para seus entes amados aqui na Terra um *e-mail*, do novo lugar onde se encontram. Ofereço-me voluntariamente para dizer a eles o que deve ser dito se vocês estiverem de acordo... não fiquem parados junto de minha sepultura a chorar...

148 OS SETE MILAGRES DA ADMINISTRAÇÃO

Sentiremos muita falta de vocês, mas lembrem-se disto: um dia a antiga revoada voltará a se juntar e nossas angústias serão poucas, quando atingirmos nosso destino final.
Sinceramente,

O Seu Velho Ganso Líder, que ficou aqui na Terra para dar continuidade ao vôo.
Florence Rogers."

Com esse memorando, Rogers enviava uma mensagem sincera, permeada com a sua crença no céu. Essa mensagem não era superficial, mas uma manifestação honesta de sua tristeza e, o que era mais importante, de sua preocupação com o futuro. Ela abriu o coração para os empregados e fez com que eles soubessem por que ela podia seguir em frente e de que maneira poderia honrar a memória daqueles que se foram. Os empregados não eram obrigados a aceitar sua crença no céu; o memorando ajudava-os a entender de que modo *ela* estava lidando com o passado e por que ela poderia prosseguir o seu caminho, sem ignorar a lembrança dos que se foram. De sua maneira, ela reverenciava a sua condição de seres humanos.

Com constantes mensagens a respeito de respeitar o passado, a cooperativa de crédito lentamente recuperou-se da tragédia. Stroud relembra:

— De início, todo o pesar interferia no trabalho, mas com o passar do tempo os nomes dos que foram mortos eram pronunciados cada vez menos. Pouco a pouco, fomos capazes de deixá-los de lado, pelo menos pelo tempo suficiente para conseguirmos que nosso trabalho fosse realizado.

E eles fizeram mais do que conseguir realizar o seu trabalho. Dois anos depois da explosão da bomba, apesar da ameaça inicial de fecharem as portas ou serem absorvidos por outra cooperativa de crédito, os ativos haviam crescido, passando de US$8 milhões para o total de US$80 milhões. A confiança dos sócios na viabilidade da cooperativa

O MILAGRE DA TRANSCENDÊNCIA DO PASSADO **149**

jamais fora tão alta, e um novo edifício que terá o triplo de metros quadrados está em construção. Um segundo posto foi aberto recentemente para administrar novos negócios e atender melhor os clientes do centro da cidade.

A história da cooperativa de crédito é a expressão do que pode acontecer quando os administradores utilizam, em vez de combater, a lembrança de ex-empregados. Trabalhando com o impulso do passado, os administradores podem controlá-lo e mudar a sua direção. Rejeitar esse impulso através da negação e da repressão requer uma enorme energia e cria uma força contrária à mudança.

Embora essa história seja mais extrema do que as situações que os administradores costumam enfrentar, é esse fato que realça alguns pontos muito importantes. Nesse exemplo, a futilidade elementar da postura "implacável" que os administradores costumam assumir ao abordar o passado surge de modo claro e ostensivo. Com freqüência, os administradores tentam remover o poder do passado, ignorando. Se isso tivesse acontecido com a Cooperativa de Crédito dos Funcionários Federais, na cidade de Oklahoma, não há dúvida na mente dos administradores e dos empregados de que a cooperativa teria fracassado ao tentar se recuperar, em vez de crescer e prosperar.

Embora a maioria dos administradores não tenha que enfrentar a morte dos empregados, eles normalmente lidam com demissões em massa, reorganizações e mudanças de estratégias. Tudo isso cria uma sensação de perda relacionada a um passado que não existe mais. Há muito que aprender com exemplos como o da Cooperativa de Crédito dos Funcionários Federais da cidade de Oklahoma a respeito da transcendência de um passado doloroso e do prosseguimento em busca de um futuro de sucesso.

150 OS SETE MILAGRES DA ADMINISTRAÇÃO

A CAPACIDADE DE CULTIVAR LEMBRANÇAS POSITIVAS

Em vez de desperdiçar energia reformulando o passado, alguns administradores de bom senso cultivam, antes de tudo, lembranças extraordinárias. Um desses administradores foi David Packard.

Jamais conheci uma empresa cujos empregados fossem tão leais e defendessem com tanto fervor a própria empresa. Os funcionários da Hewlett-Packard orgulham-se de fazer parte de uma empresa que consideram estar um ponto ou dois acima das demais. Em qualquer dia de trabalho, o estacionamento dos profissionais da HP está lotado das 7 horas da manhã até quase 7 da noite. Os empregados trabalham com afinco, e, na maioria, fazem com satisfação o que quer que seja necessário para o sucesso da companhia, tornando a HP uma das empresas mais bem-sucedidas do Vale do Silício.

Por que isso acontece com essa empresa? David Packard conseguiu isso cultivando lembranças positivas desde o início. Packard compreendeu que cada ação praticada por seus administradores estava viva na memória dos empregados. Ele instituiu um rigoroso sistema de valores que divulgava e definia o que ele chamava de Jeito HP. Todas as decisões administrativas deveriam se adequar a esses valores que incluíam, entre outras coisas, uma política administrativa de livre acesso, em que os empregados eram tratados com respeito e os salários estavam entre os das empresas líderes do mercado.

Histórias de como Packard era fiel a esses valores são inúmeras dentro da empresa. Uma delas relata a ocasião em que Packard, ao chegar a uma nova sede cujos escritórios acarpetados eram separados uns dos outros com paredes e portas, determinou que elas fossem retiradas. Seus administradores deveriam estar ombro a ombro com os empregados e não escondidos por trás de uma porta fechada ou de um escritório isolado. Nitidamente, mais um gesto simbólico do que uma medida para evitar despesas, isso aconteceu nos meados de 1960 e a história ainda está viva, gravada na memória dos empregados.

Outra lembrança que ainda permanece na mente dos empregados associa-se à ocasião em que Packard descobriu que um de seus

O MILAGRE DA TRANSCENDÊNCIA DO PASSADO **151**

empregados estava financeiramente arruinado devido a uma enfermidade persistente. Ele convocou todos os empregados para se reunirem no pátio principal da empresa e declarou que isso jamais voltaria a acontecer com um empregado da HP, anunciando o início da cobertura médica total para todos eles. A lembrança data do início dos anos 50 e a história é contada até hoje.

Uma das secretárias da HP relata uma história de quando ela trabalhava em uma das muitas linhas de produção da empresa. Ela lembra o dia no qual Packard apareceu inesperadamente no galpão de carga, onde os empregados geralmente almoçavam. Ele também trazia o seu almoço e passou o tempo todo conversando com os operários a respeito das experiências de trabalho deles e sugestões para melhorá-lo. Ela ficou muito impressionada com o fato de o presidente de uma empresa internacional estar interessado nas idéias dos empregados.

Lembranças como essas são incrivelmente poderosas. Elas continuam a afetar os operários muito tempo depois do evento ter acontecido. Inspiram uma lealdade e dedicação contínua para com a empresa e, o que é mais importante, para seu sucesso.

Da mesma maneira, lembranças de administradores empenhados no corte ou na dispensa de funcionários ao primeiro sinal de dificuldades financeiras também estão vivas na memória dos empregados. Essas lembranças lhes lembram continuamente de que não existe um comprometimento recíproco entre eles e a empresa. O efeito negativo ou moral e a lealdade continuam a afetar o comportamento do funcionário, muito tempo após o evento ter ocorrido.

O fato de simplesmente remodelar uma empresa no papel não cria uma nova organização. A força do passado perdura. O administrador que usa essa força pode operar milagres de mudanças. Os que não o fazem podem se sentir presos no lamaçal da resistência.

152 OS SETE MILAGRES DA ADMINISTRAÇÃO

A CRIAÇÃO DO MILAGRE

Eis algumas sugestões para a criação do milagre de transcender o passado:

◆ *Comemore quando algo termina.* Quando um empregado deixa a empresa, prepare uma festa de despedida. Quando as metas anuais forem atingidas, leve a equipe para um almoço. Quando o departamento for reorganizado, reconheça e respeite o trabalho realizado anteriormente. Reconhecer e respeitar o passado com celebrações o ajudará a ligar o passado com o presente e com o futuro que você gostaria de criar. Isso auxiliará a equipe "sobrevivente" a realizar a transição.

◆ *Fale a respeito do passado, mesmo quando isso possa parecer difícil.* Quando um empregado é despedido, não tente apagar o seu nome e sua lembrança do departamento. Quando apropriado, relembre o bom trabalho que ele fez. Quando um empregado é despedido, não tente varrê-lo para baixo do tapete. Combine com os demais uma hora e local para discutir o que aconteceu. Quando um funcionário está se divorciando, encontre uma hora apropriada para expressar o seu apoio e sua simpatia. Ao reconhecer o passado, você estará comunicando o seu interesse e preocupação com os empregados. Quer demonstrem ou não, eles têm um investimento no passado, e quando você respeita esse investimento, você os respeita.

◆ *Não se torne repentinamente um crítico da estratégia anterior, quando houver uma grande transformação na estratégia da empresa.* Em vez disso, concentre-se nos benefícios do passado e na maneira como a nova estratégia irá capitalizá-los e expandi-los. Trace um caminho mental da estratégia passada para o presente, proporcionando aos empregados uma atmosfera para a compreensão e aceitação das mudanças. Ao censurar as decisões administrativas de ontem, você (que tomou

O MILAGRE DA TRANSCENDÊNCIA DO PASSADO **153**

parte naquelas decisões) pode parecer insincero. Você não estava falando sério quanto ao que disse ontem, quando apoiava a antiga estratégia? Ou você está agora apenas fazendo uma grande propaganda da nova administração? Essa crítica é embaraçante e frustrante para os empregados.

Afirmações

Expresso meu reconhecimento ao passado. Não irei ignorá-lo, mas usá-lo para honrar o presente.

Aceitarei o passado como um elo de uma longa cadeia que se estende em direção ao presente e ao futuro.

Celebrarei as vitórias do passado. Respeitarei aqueles que forem vitoriosos. Descobrirei a trilha que conduz as vitórias passadas para as vitórias maiores do presente.

O Que Vem Por Aí

A Prosperidade Só Pode Provir
da Prosperidade Interior

O SUCESSO VEM DE DENTRO

É verdade que o lucro pode ser obtido de forma desonesta. O *status* pode ser adquirido sem integridade. Grandes empresas podem ser criadas sem confiança. Pode faltar emoção a carreiras bem-sucedidas. Mas a verdadeira prosperidade — a sensação de prosperidade e realização — pode ocorrer apenas quando floresce da prosperidade que começa dentro da pessoa. Dinheiro, sucesso, poder, *status*, posses e fama são inúteis, a menos que provenham antes de tudo de um eu integrado, no qual as ações, os valores e os sentimentos estejam entrelaçados. O eu integrado é a fonte da satisfação permanente.

Não obstante, sempre trabalhamos como se a prosperidade exterior fosse nos fazer felizes e realizados. Se pudermos pelo menos ganhar mais dinheiro, subir mais um degrau da escada empresarial, obter um orçamento maior, contratar mais alguns empregados, vender outro milhão de objetos —, dizemos a nós mesmos que isso nos proporciona a plenitude interior que almejamos. Seja qual for o tempo necessário. Seja qual for o custo. Vendemos a nós mesmos e com isso a nossa felicidade, ao mesmo tempo que obstinadamente tentamos ser felizes. É um trabalho cruel e incessante.

Nenhuma quantidade de dinheiro, poder ou *status* nos fará sentir realizados se não pudermos viver com nós mesmos depois de termos adquirido essas coisas. Quando manipulamos os outros, quando quebramos nossas promessas ou intencionalmente iludimos outras pessoas em proveito próprio, perdemos a confiança na humanidade. Não podemos confiar em mais ninguém, pois sabemos que não podemos confiar em nós mesmos. A despeito da conquista, somos forçados a desfrutar nosso prêmio com um olho constantemente direcionado para o ponto de onde pode vir o ataque.

Quando tratamos nossos relacionamentos como transações comerciais, quando adotamos fachadas convenientes para manipular os

158 OS SETE MILAGRES DA ADMINISTRAÇÃO

outros, fazemos isso a um grande custo pessoal: nossa capacidade de ter relacionamentos satisfatórios. Não podemos mais confiar nos sentimentos aparentes dos outros, pois, aos nossos olhos, eles devem estar tentando conseguir algo de nós. Lentamente nos fechamos num mundo que projetamos de acordo com nossas decepções. Não acreditamos mais em amor incondicional, não podemos mais confiar nas aparências, por mais sinceras que elas possam parecer. Assim, cercamonos de coisas belas — as pessoas que manipulamos e ludibriamos —, sabendo que se elas soubessem quem realmente somos, nos abandonariam. Esse é o ser desintegrado; é um ser cujos sentimentos e valores foram deixados de lado, em troca do sucesso.

É melhor manter-se límpido e brilhante; você é a
janela através da qual tem de ver o mundo.

GEORGE BERNARD SHAW[35]

A verdadeira prosperidade só é conquistada se seguirmos o caminho da integração, na qual os valores são respeitados. Isso é *integridade*. Sem ela, o sucesso não acontece. Com integridade, encontramos satisfação e bem-estar mais profundos. Essa é a recompensa que buscamos quando iniciamos nossa jornada no mundo dos negócios. É a trilha dos sete milagres.

A outra trilha, o caminho da falta de integridade, é o maior responsável pela sensação de alienação que vem proliferando em toda a sociedade nos últimos tempos. O que é real? O que é verdadeiro? O que é sincero? Não podemos confiar em nós mesmos. Não sabemos em que acreditar. Estamos dissociados do nosso verdadeiro eu.

Nosso mundo reflete nossa falta de integridade. Compramos em centros comerciais revestidos com fachadas que são planejadas para manipular nossos sentimentos. Fazemos nossas refeições em restaurantes "temáticos", que são pálidas imitações de outras culturas. Vemos atores na televisão cujo rosto bonito e corpo escultural criam um ideal inatingível. Não obstante, tentamos modificar nosso corpo em

O QUE VEM POR AÍ **159**

academias cheias de espelhos e nosso rosto com cremes, produtos químicos e cirurgias. Tudo isso num esforço para ser outra pessoa, uma pessoa que julgamos ser muito melhor do que aquela que a natureza nos proporcionou.

I MPOSTORES

Durante os últimos cinqüenta anos, os psicólogos documentaram essa sensação de alienação de várias maneiras. A doutora Pauline Clance tratou do que ela chamou de "o fenômeno do impostor", uma sensação de que a pessoa não merece o sucesso que alcançou.[36] É a sensação de que estamos escondendo segredos a respeito de nós mesmos, acompanhada pelo medo de que um dia essa "abominável" verdade venha a ser revelada.

Todos nós já tivemos, em determinada ocasião da nossa vida, a sensação de estarmos "deslocados", mas, particularmente no mundo dos negócios, um número cada vez maior de pessoas relata uma opressiva sensação de ser um impostor. Elas dizem, reservadamente, que sentem que suas aptidões não são suficientes para o posto que alcançaram. Além dessa insegurança, os executivos de nível intermediário geralmente não sabem "o que querem ser quando crescerem". Tudo parece ter perdido o fascínio e o encantamento. Tudo parece não passar de um jogo estressante e incômodo. Nada que tenham feito no âmbito profissional ou que possam tentar no futuro parece ter sentido.

O mal-estar disseminou-se por todas as empresas modernas. A ética continua em decadência e culpamos a todos, exceto a nós mesmos, pelo problema. Culpamos a administração, as longas horas de trabalho, o *stress*, a concorrência e assim por diante. Embora tudo isso tenha um papel razoável a desempenhar na deterioração do ambiente de trabalho, não constituem o verdadeiro problema. O problema está em nós mesmos e em nossa carência de um eu integrado. Em vez de descobrirmos valores que sejam significativos e orientem a nossa vida,

160 OS SETE MILAGRES DA ADMINISTRAÇÃO

estamos à deriva no mar de nossa própria vida, sem direção ou propósito. Que empregador poderia nos remunerar satisfatoriamente quando, na realidade, não sabemos quem somos ou o que queremos da vida?

O caminho para a abundância requer que examinemos profundamente a nós mesmos. Isso significa nos despirmos de todos os atributos que concedemos a nós mesmos, para descobrir quem somos e o que é importante em nossa vida. Devemos nos apegar a essa revelação e procurá-la a todo custo. Assim que tenhamos nos dedicado totalmente a ela, encontraremos o tesouro da nossa vida.

Quando você compreender os sete milagres e os aplicar na sua vida e no seu trabalho, não poderá deixar de encontrar a si mesmo. Quanto mais trabalhar com afinco para encontrar o conceito correto a ser expresso, mais você irá descobrir o que é verdadeiramente valioso. Na medida em que começa a tratar os outros como gostaria de ser tratado, irá saber o que você quer nos seus relacionamentos. Quando se consagrar à honestidade, não importa quanto isso custe, você deixará cair a máscara por trás da qual se escondia e descobrirá o que é sinceridade. De modo geral, os sete milagres não apenas irão mudar a sua empresa, irão mudar a sua vida — para melhor.

TEMPO IGUAL

A dra. Ruth Elmer, uma conceituada ministra de Nova Orleans durante os últimos quarenta anos, tem um método maravilhoso para iniciar a jornada da integridade. Ela afirma à sua congregação que a melhor maneira de mudar para melhor é conceder um "tempo igual" à nova maneira de agir. Em vez de tentar provocar uma reviravolta, empenhe-se para assumir os novos comportamentos com a mesma freqüência com que se pega exercendo os antigos padrões comportamentais. Sem condenação ou sentimento de culpa, simplesmente conceda aos seus novos valores um tempo igual aos antigos.

O QUE VEM POR AÍ **161**

De início, ninguém consegue pôr em prática os sete milagres de maneira perfeita. Todo dia você pode se pegar voltando aos mesmos procedimentos antigos, ignorando os valores que esperava defender. Em vez de repreender a si mesmo pelo erro, simplesmente conceda aos novos métodos de conduta um tempo igual. Quando tiver voltado a recair nos antigos padrões de desonestidade, pratique intencionalmente outras ações que sejam sinceras e honestas. Ao fazer isso, descobrirá que os novos modos de agir irão substituindo lentamente os antigos e menos desejáveis. Sem a autoflagelação, você irá descobrir mudanças positivas que afetam profundamente a sua vida.

Os sete milagres dizem respeito à tarefa de conseguir o melhor de si mesmo. Você jamais chegará ao seu destino se não encontrar grande satisfação na jornada em si. Essa jornada não é linear, mas uma espiral curvilínea que se desloca para a frente girando constantemente para trás. Lições aprendidas, vitórias saboreadas e tempestades superadas voltam à nossa lembrança com freqüência, cada vez nos ensinando mais a respeito de nós mesmos. A solução está não em tentar controlar as circunstâncias, mas em mudar a nós mesmos por meio do aprendizado.

Na última década, foram escritos muitos livros a respeito da "mudança administrativa" e grande parte deles concentraram-se no controle das circunstâncias da mudança organizacional. Embora não haja nada de errado em suavizar o vento da mudança, a verdadeira solução está dentro de nós mesmos. Quando encontramos nosso tesouro interior, nenhuma circunstância, nenhuma reorganização, nenhuma mudança no ambiente de trabalho pode nos ameaçar, pois sabemos que nossa felicidade depende de como lidamos com a situação e não da maneira como a empresa age com relação a nós.

Isso não justifica as práticas empresariais abusivas. Significa simplesmente que a resposta para muitos dos problemas com que nos defrontamos na empresa moderna está dentro de nós mesmos e não no alvo de nossas críticas. À medida que nos conhecemos e sentimos nossas angústias e alegrias, também passamos a compreender melhor

162 OS SETE MILAGRES DA ADMINISTRAÇÃO

os sentimentos dos outros. Por exemplo, se admitimos ser empregados vulneráveis e confiáveis, é muito menos provável que nos aproveitemos de outra pessoa que esteja demonstrando a mesma vulnerabilidade. Só o administrador que trate com indiferença os próprios sentimentos consegue, de maneira impassível, iludir e se aproveitar dos outros.

É através da prosperidade interior que melhoramos a comunidade empresarial. Melhorando a nós mesmos, melhoramos a organização maior da qual fazemos parte. Não há outro caminho para a melhoria da empresa.

A COMUNIDADE EMPRESARIAL

A empresa é uma comunidade na qual todos os setores estão interligados. Quando um setor relaciona-se com outro, todos os setores são afetados. Quando um setor muda, todos os setores têm de mudar para se adaptar a essa mudança.

O inter-relacionamento da comunidade é muito bem ilustrado por uma "parábola" moderna que, durante os últimos vinte anos, já foi citada em vários livros e palestras, principalmente no campo da ecologia. Embora ninguém pareça conhecer a origem dessa história, é muito plausível e importante repeti-la com propósitos metafóricos.[37]

Parece que a Organização Mundial de Saúde tentou eliminar com DDT os mosquitos transmissores da malária, nas remotas aldeias de Bornéu. A pulverização aérea do pesticida obteve sucesso na eliminação dos mosquitos e da doença que eles transmitiam. No entanto, pouco tempo depois, o número de casos de doenças começou a subir drasticamente. Também, de maneira curiosa, os tetos de palha das casas da aldeia começaram a desmoronar.

Depois de uma investigação, descobriu-se que as lagartixas acumularam no corpo o DDT e acabaram morrendo. Isso, por sua vez, acabou matando os gatos da aldeia que comiam as lagartixas. Como

O QUE VEM POR AÍ **163**

resultado, a população de ratos da aldeia cresceu assustadoramente e, com os ratos, vieram as moscas que provocavam enfermidades. E por que os tetos de palha estavam vindo abaixo? Isso acontecia porque os insetos que viviam nos tetos de palha eram imunes ao DDT e multiplicavam-se devido ao decréscimo da população de lagartixas.

Antes da bem-intencionada intervenção, os habitantes das aldeias, os insetos, as lagartixas e os gatos viviam numa comunidade equilibrada, um dependendo do outro. A pulverização com DDT, que tinha a finalidade de afetar apenas uma parte desse ecossistema, alterou toda a comunidade.

Essa história demonstra como é real a nossa interligação. Mesmo quando achamos que nossas ações irão afetar apenas uma pequena parte da organização, elas, potencialmente, afetam toda a empresa. Estamos todos ligados. A maneira como nos conduzimos e lidamos com nossos empregados afeta toda a empresa.

Infelizmente, muitos administradores identificam-se com o conceito "extremamente individualista" de empresa, segundo o qual "é cada um por si" e a empresa é pouco mais do que uma indefinida confederação de bandidos. Esse conceito é uma ilusão. Quando nossos atos têm influência sobre os outros, deflagramos uma reação em cadeia que acaba inevitavelmente nos afetando. O que fazemos na empresa não afeta apenas os outros empregados, mas também a nós mesmos. De fato, determinamos como a empresa nos trata.

É verdade que aqueles que detêm mais poder, em geral podem causar um impacto maior na empresa, mas isso não invalida a influência dos menos poderosos. As ondulações provocadas pelos menores seixos se propagam à mesma distância que as causadas pelas pedras maiores. Embora elas possam não ser tão poderosas, também dão início à reação em cadeia que se espalha por toda a empresa.

Na física quântica, existe um conceito chamado "efeito borboleta" que se baseia no fato de que os sistemas não-lineares ou caóticos são profundamente influenciados pelas condições que os iniciam. Em essência, a menor mudança pode ter um efeito muito grande. O nome

164 OS SETE MILAGRES DA ADMINISTRAÇÃO

"efeito borboleta" provém de um exemplo metafórico de que algo tão minúsculo e irrelevante como a vibração do bater das asas de uma borboleta pode dar início a uma cadeia de eventos, como uma interação maior de perturbações atmosféricas, que finalmente resulte num furacão a muitos quilômetros de distância.

Isso também acontece nas empresas. Às vezes, um evento sem a menor importância pode gerar conseqüências impressionantes. Mesmo quando um empregado do mais baixo escalão começa a pôr em prática os sete milagres, isso pode ter um efeito significativo em toda a organização.

O ponto de partida para uma mudança positiva na empresa está dentro de você e dentro de mim. Quando conhecemos a plenitude do nosso ser, reconhecendo e respeitando nossa natureza humana, também mudamos nossas atitudes e comportamentos com relação aos outros. Como administradores, quando mudamos, tratamos nossos empregados de um modo diferente, mudando o ambiente de trabalho e, finalmente, os transformamos. Essa é a transformação duradoura de uma empresa. Esse é o poder milagroso. É o seu poder.

Notas

1. Nikhil Deogun, "Pepsi's Mr. Nice Guy vows not to finish last", *The Wall Street Journal*, 19 de março de 1997, p. B1.
2. Victor Frankl, *Man's Search for Meaning: An Introduction to Logotherapy*. Boston, Beacon Press, 1959.
3. Daniel Goleman, *Emotional Intelligence: Why it can matter more than I*. Nova York, Bantan Books, 1995.
4. George Santayana, *Dialogues in Limbo*. Londres, Constable and Co. Ltd., 1925.
5. William James, *The Varieties of Religious Experience*. Palestra 20, 1902.
6. Beatrice Garcia, "Chainsaw Al is a stand-up kinda guy." *Miami Herald (Business Monday Supplement)*, 15 de setembro de 1997, p. 5.
7. David Bollier, *Aiming Higher*. Nova York, AMACOM, 1996.
8. James Allen, *As a Man Thinketh*. Marina Del Ray, Califórnia, DeVorss Publications, 1989.
9. Ralph Waldo Emerson, *The Conduct of Life*, 1860.
10. Provérbios 23:7.
11. Louis E. Boone, *Quotable Business*. Nova York, Random House, 1992, p. 282.
12. Ron Schultz, *Unconventional Wisdom*, Nova York, Harper Business, 1994, p. 5.
13. Robert Browning, *A Death in the Desert*. Nova York, Ecco Press, 1990.
14. Ron Schultz, op. cit., p. 15.
15. _____, op. cit. p. 16.
16. Margaret J. Wheatley, *Leadership and the New Science*. São Francisco, Berrett Koehler, 1992.
17. Peter Burrows, "HP pictures the future." *Business Week*, 7 de julho de 1997, p. 100.
18. Ellen Hale, "Selling or selling out? How community hospitals are changing hands". *Gannett News Service*, 13 de outubro de 1996. S11.
19. John Greenwald, *Time*. 4 de agosto de 1997, p. 46.
20. Ralph Waldo Emerson, *Essays*. Boston, 1876.
21. Maggie Jackson, "Nearly half of workers take unethical actions, cite pressures". *Associated Press*, 5 de abril de 1997.

166 OS SETE MILAGRES DA ADMINISTRAÇÃO

22. William C. Jennings, "A corporate conscience must start at the top". *The New York Times*, 29 de dezembro de 1996, p. 14.
23. Amar Bhide e Howard Stevenson, "Why be honest if honesty doens't pay?". *Harvard Business Review*, setembro-outubro de 1990.
24. Alan Downs, *Beyond the Looking Glass: Overcoming the Seductive Culture of Corporate Narcissism*. Nova York, AMACOM, 1997.
25. Mark Twain, *Autobiography*. Nova York, Harper & Bros., 1924, cap. 29.
26. Joe Morganstern, "The Fifty-Nine-Story Crisis". *The New Yorker*, 29 de maio de 1995, pp. 45-53.
27. Conrad Hilton, *Be My Guest*. Nova York, Prentice Hall Press, 1957.
28. Elisabeth Kübler-Ross, *The Wheel of Life*. Nova York, Scribner, 1997, p. 18.
29. Clare Ansberry, "Forgive and forget: Firms face decision". *The Wall Street Journal*, 24 de novembro de 1987.
30. Judith Martin, "Miss Manners". *The Washington Post*, 3 de agosto de 1997, p. F02.
31. Marjorie Kelly, "Why 'socially responsible' ins't enough". *Business Ethics*, julho/agosto de 1997.
32. Frederick Herzberg, "One more time: How do you motivate employees?". *Harvard Business Review*, janeiro-fevereiro de 1968. Republicado com atualização em setembro-outubro de 1987.
33. Michael Powell, "Betrayal". *Inc.*, abril de 1996, p. 23.
34. Will Rogers, *The Autobiography of Will Rogers*. Boston: Houghton Mifflin Co., 1949.
35. George Bernard Shaw, *Man and Superman*, 1903.
36. Pauline Rose Clance, "The impostor phenomenon scale". *Psychoterapy: Theory, Research and Practice*, 1978, p. 241.
37. David Spangler, *Everyday Miracles: The inner art of manifestation*. Nova York, Bantam, 1996, p. 50.